Zen oder die Kunst, einen Höllenhund zu zähmen

Zen oder die Kunst, einen Höllenhund zu zähmen

DR. BELA WOLF

Für meine liebe Freundin Natalie mit bestem Dank für geduldige und großartige Unterstützung in der Sternendeutung und auch für genialen Kuchen.

Bibliografische Information der Deutschen Nationalbibliothek: Die Deutsche
Nationalbibliothek verzeichnet diese Publikation in der Deutschen
Nationalbibliografie; detaillierte bibliografische Daten sind im Internet über
< http://dnb.d-nb.de > abrufbar.
©2018 Bela F. Wolf
Zeichnungen by Bela F. Wolf
Coverbild by Bianka Thon
Herstellung und Verlag: BoD   Books on Demand, Norderstedt
ISBN: 9783752835595

Inhalt

Wie alles begann

Leben ist das, was passiert, während du dabei bist, andere Pläne zu schmieden, so heißt es. Und ich plante gerade meine wahnsinnig erfolgreiche Tierarztpraxis mit meinem wahnsinnig erfolgreichen Notdienst und meiner wahnsinnig erfolgreichen Sonntags- und Feiertagsdienstzeit um noch ein zusätzliches, wahnsinnig erfolgreiches Projekt zu erweitern. Fragen Sie mich nicht, welches oder warum. Ich habe darauf keine Antwort. Ich arbeitete Pläne aus, um noch erfolgreicher zu werden, obwohl ich mittlerweile gar keine Zeit mehr hatte etwas anderes zu tun als Tag und Nacht zu arbeiten. Ich befand mich in einer dermaßen erfolgreichen Phase meines Lebens, dass ich weder dazu kam, sie zu genießen noch sie annähernd wertzuschätzen.

Arbeit, Arbeit, Arbeit!

Die wenige Zeit, die ich Zuhause bei meinen Liebsten verbrachte, reichte gerade zum Duschen und um ein Sandwich oder einen Schokoriegel hinunterzuwürgen.

Ich war wohlhabend, aber gleichzeitig war ich nicht zufrieden. Unersättlich verschlang mich dieses Höllenloch Arbeitsplatz, das mich zwar forderte, aber nicht förderte. Ich war wie gefangen in meiner selbsterschaffenen Tretmühle. Und plante dennoch unaufhaltsam weiter.

Bis mein alter Hund starb.

Es war absehbar, dass er bald sterben würde, er war todkrank und todkrank kam er schon zu uns. Die Leishmaniose macht keine Kompromisse, sie lässt einen zwar zeitweise hoffen und darauf vergessen, dass es sie gibt, aber sie ist immer da. Sie war da als grauenhafte chronische Ohrenentzündung meines geliebten alten Hundes, der mittlerweile taub und von schlimmen Schmerzen geplagt unaufhaltsam auf sein Ende zusteuerte. Sie lag auf der Lauer und brachte Nieren und Herz zum Versagen. Ich sah es, aber ich wollte es nicht sehen. Also verbrachte ich noch mehr Zeit damit, nicht hinsehen zu müssen und war noch mehr anderswo als Zuhause bei meinem dahinsiechenden Hund, weil ich ihn nicht leiden sehen konnte. Er bekam zwar starke Schmerzmittel und alle nur erdenklichen Medikamente, aber irgendwann versagten auch die den Dienst und er starb.

In dieser Nacht, als draußen der tiefste Winter tobte und mein schöner roter nordischer Hund alleine Richtung Nordpol aufbrach, um dort für immer zu bleiben, geriet meine Welt fast aus den Fugen. Ich würde mir keinen Hund mehr nehmen, das stand in Stein gemeißelt fest. Nach drei Hunden nie wieder diesen Schmerz ertragen müssen! Ich wollte nie wieder spüren, wie einem das Herz im Leibe zerspringt vor Schmerz. Draußen tobte der Winter und der Schnee deckte alles zu mit seiner weißen, kalten Decke. Alles Gute war erfroren, auch in mir.

Zu kalt, um im Garten eine tiefe Grube auszuheben, zu kalt, um weiter zu leben wie bisher. Ein schwarzes riesiges Loch verschlang mich und dazu schlich sich auch der Gedanke, ich wäre die letzte Zeit nicht genug für ihn da gewesen. Das lag daran, dass ich Tierarzt bin und kein Tierpfleger. Ich kann und will heilen, ich will gesund machen, aber nicht pflegen. Ich kann auch nicht geduldig zusehend auf den Tod warten. Zum Sterbebegleiter eigne ich mich nicht. Wenn ich gar nicht mehr weiter weiß, in unlösbaren Situationen mit Tod und Abschied, gibt es für mich immer nur einen Ausweg und der heißt Flucht. So war es auch diesmal. Ich floh in noch mehr Arbeit.

Weihnachten stand vor der Türe und mit schaudern denke ich an dieses Weihnachtsfest zurück. Ich legte einen viertägigen Arbeitsmarathon ein, vier Tage und Nächte ohne Pause im Notdienst, den ohnehin keiner freiwillig übernehmen wollte, nur um nicht Zuhause sein zu müssen. Im leeren kalten verlassenen Haus. Im Winter sterben sehr viele alte Hunde, meine Raunächte verbrachte ich daher damit, Tiere von ihrem Leid zu erlösen, Besitzer zu trösten, Urnen zu bestellen und nachts über schneeverwehte einsame Straßen große und kleine tote Hunde in schwarzen wasserundurchlässigen Säcken zur TKV zu transportieren. Sie starben dahin wie am laufenden Band, ich konnte es kaum mehr ertragen und verlor an Lebenslust und Gewicht.

Sechs Wochen danach erreichte mich eine E-Mail mit dem Foto eines Schlittenhundes, der auf einer Hundehütte stand. Keiner wollte ihn. Er wäre sehr schwer vermittelbar, hieß es im Text. Weil er ein schwarz-grauer Husky-Malamute Mischling und kein flauschiger weißer Jungwuschel war und süße weiße Hündchen lassen sich leider schneller vermitteln als spockohrige grimmige graue Wölfe mit Migrationshintergrund, meinte der Verein. Der musste es ja wohl wissen. Er hatte also kaum eine Chance, jemals wieder lebendig aus dem ollen Tierheim herauszukommen. Keiner wollte ihn. Keiner wollte ihn. Keiner wollte ihn. Keiner.

Ich dachte nach. So zwei, drei Sekunden lang dachte ich intensiv nach und dann rief ich meinen Kollegen an und sagte: „Kannst du bitte meinen Dienst am Wochenende übernehmen? Da kommt mein neuer Hund."

Dann telefonierte ich auch mit der Dame des Hauses und teilte ihr mit, dass unsere traurige hundelose Phase demnächst beendet war. Ich hörte, wie sie am Telefon förmlich Schnappatmung bekam, weil sie noch gar nicht bereit war für einen neuen Hund. Ich ignorierte das aber, denn sowas kann ich gut, und begann, innerlich zu jubeln.

Auf einmal hob sich der furchtbare schwarze Schleier ein kleines Stück weit und meine Tage wurden wieder heller. Der Schnee war weißer, die Luft wieder wärmer, mein Herzschlag schneller und ich kaufte eine neue Hundeleine sowie den ganzen anderen Hundekram für diesen unbekannten schönen Hund aus der ungarischen Pampa, von dem ich nichts wusste, außer dass er offensichtlich gerne auf dreckigen Hundehüttendächern herumstand.

Als man mir dann besagten Hund an einer Tankstelle übergab, ahnte ich noch nicht, was mich die kommenden Jahre erwarten würde.

Wir hoben das Tier sachte in mein Auto und fuhren nach Hause. Ich versprach ihm ein wunderbares neues Leben und prophezeite uns eine großartige gemeinsame Zukunft. Ich erinnere mich noch sehr genau, wie ich ihm die Sterne vom Himmel herunterholen wollte, ihm Märchen erzählte von noch nie dagewesenen spannenden Abenteuern und großartigen Ausflügen.

Von uns.

Dann stiegen wir aus.

Und nichts war mehr so wie zuvor.

Die zwölf Gesetze des Karmas

So mancher Hundehalter glaubt, Hundeerfahrung und Wissen steigen proportional zur Anzahl der Hunde, die man je hatte und doppelt proportional zur Anzahl der Jahre, in denen man diese Hunde hatte.

Es ist keine Schande so zu denken. Ich dachte das ja auch.

Ich dachte es umso mehr, als ich durch meinen täglichen Beruf als Tierarzt jede Menge Hundekontakt und Umgang mit schwierigen bis sehr schwierigen Patienten (und deren noch viel schwierigeren Besitzern) hatte und mich aus diesem Grund durchaus befähigt sah, mit fast jedem Hund, der meinen Weg kreuzte, irgendwie klar zu kommen. Ich sah mich als tollen Hundeführer, fähigen Freund, belastbaren Kumpel

und erfahrenen hundekundigen Weisen an.
Karma is a bitch!

Diese Meinung änderte sich schlagartig als mein neuer vierter Hund bei mir einzog.

Die Nacht war sternenklar und sehr kalt, die Straßen versalzen und die Freude groß, als mein Neuer mit dem Bus anreiste. Mit einem Bus, den auch sehr viele andere fellige Freunde mit ihm teilen mussten. Sie kamen aus Ungarn.

Ich wusste nicht genau, was mich erwartete, ich kannte meinen neuen Hund nur von einem unscharfen Foto. Dann überreichte man mir eine Leine und ich stand da, mit meinem übelriechenden zukünftigen besten Freund und jeder Menge Hundeerfahrung im Handgepäck, die ich genauso gut im nächsten Container hätte versenken können. Sie war nichts wert.

Nun haben wir fast sieben lange Jahre miteinander verbracht, der Hund und ich. Sieben Jahre, die nicht immer einfach waren, um es freundlich und nett auszudrücken.

Es gibt Hunde, die schickt einem der Himmel. Sie kommen, um Wunden zu heilen und das menschliche Leben durch ihre bloße Anwesenheit jede einzelne Sekunde zu verschönern.

Diese Hunde sind bezaubernd und freundlich, strahlen Humor und Zuversicht aus, halten sich immer dicht an unserer Seite auf und tun alles, um uns Menschen zu gefallen. Es sind die Hunde, die man mit dem kleinen Finger an der ohnehin völlig unnötigen Leine führt, die sich weder in Schlammpfützen wälzen noch jemals irgendetwas zerstören. Sie vertragen sich mit allen anderen Hunden oder gehen Streitereien einfach aus dem Weg. Ortswechsel und tierärztliche Behandlungen lassen sie ohne mit der Wimper zu zucken über sich ergehen und sie finden ihren Lebensinhalt, indem sie dem geliebten Menschen nie von der Seite weichen. Sie sind auch pflegeleicht was Futter und Auslauf betrifft, fressen gerne und vertragen alles, sind so gut wie nie krank und in jeder Minute, die man in ihrer Umgebung verbringt, schenken sie einem Glück, Harmonie und inneren Frieden.

Das sind die Seelenhunde, die einem Menschen geschickt werden, um ihm über eine sehr schwere Zeit, einen menschlichen oder tierischen Verlust, eine schlimme Krankheit oder ein anderes Trauma hinwegzuhelfen und der Person das Leben wieder zu erhellen.

Und dann gibt es die anderen Hunde. Die, die selbst durch die Hölle gegangen sind und nun nicht mehr in der Lage sind, Harmonie und Frieden zu verströmen, weil sie ihr eigenes Schicksal erst überwinden müssen. Die anderen kommen, um uns zu prüfen. Sie werden vom Karma gesandt. Sie bringen uns an unsere Grenzen, loten uns innerlich aus wie ein 500-Watt Strahler einen finsteren Wald und finden jedes Gespenst hinter jedem Baum.

Sie sind die wahren Meister, die uns lehren, dass das Leben in ihrer Gegenwart eine Prüfung ist, eine Herausforderung, ein Balanceakt und eine tägliche Hürde. Wer diese Hunde aber versteht, der versteht sich selbst. Wie heißt es so schön? Jeder bekommt genau den Hund, den er auch verdient. Karmas

Gesetz Nummer Eins lautet: Du erntest immer, was du säst! Als selbstgefälliger Egosurfer hatte ich nun die gerechte Ohrfeige vom Karma verpasst bekommen. Mir wurde mein vierbeiniger Meister geschickt, der Auserwählte, der Eine, der mich wieder auf den richtigen Pfad bringen sollte, notfalls mit Gewalt. Ich war der junge Skywalker, er mein Yoda. Ich begann zu lernen. Ich begann, nach Hilfe zu suchen. Ich begann auch, die Dinge anders zu betrachten als zuvor in meiner selbstgefälligen, arroganten, besserwisserischen Art. Diese Art war mir nicht angeboren. Angeboren war nur meine Hochsensibilität, die mich stets zum Außenseiter stempelte. Um als Außenseiter, als einer, der anders ist als die Anderen, in einer lauten, viel zu schnellen Welt zu überleben, muss man sich eine Ritterrüstung überwerfen und in den Kampf ziehen. Der Kampf macht hart, jedenfalls nach außen hin, das muss auch so sein. Niemand soll merken wie verletzlich man eigentlich ist oder wie nahe man Dinge in Wahrheit an sich heranlässt. Mein Kampfanzug war der Sarkasmus und die Arroganz.

Als Tierarzt muss man Selbstsicherheit und Autorität ausstrahlen, sonst nimmt einem der Besitzer nicht ernst. Zu nett? Das wollen die Menschen nicht, glauben Sie mir. So strahlte ich in meiner Allwissenheit. Diese Sonne erlosch in dem Moment, als ich mit dem Hund zuhause ankam und er das Haus nicht betreten wollte. Ich begann zu lernen. Oh, was ich alles lernte! Ich erfuhr Dinge über Hundetrainingsmethoden, die keiner braucht, am wenigsten der Hund. Darüber, dass man letztendlich so gut wie alleine dasteht mit einem riesigen lebenden Problem, weil alle, auch Freunde und Familie, das Problem gerne wieder abschieben würden. Oder jede Menge unbrauchbare Tipps abgeben, um die man nicht gebeten hat.

Gib ihm einfach einen Leinenruck! Lass ihn doch von der Leine! Mach dies und das und sonst noch was! Sie alle haben uns mit einem breiten selbstgefälligen Lächeln im Gesicht von hinten auf den Kopf geschlagen. Zum Glück habe ich nicht darauf reagiert und bin in meinen eigenen Kampf gezogen. An die Front gegen größenwahnsinnige, geldgierige Hundetrainer, Nasenhaltis, Maulschlaufen, Würgebänder, feige Tritte aus dem Hinterhalt und elektronisch gesicherte Zäune.

Ich habe nicht mit so viel Bösartigkeit und Gewalt in der Hundeszene gerechnet, da mir diese bisher völlig fremd war. Alle meine Hunde waren reizende kleine Engel, die weder besondere Ansprüche noch besondere Erziehungsmethoden erforderten. Sie funktionierten von selbst, ohne böses Wort, ohne Befehl. Ich sah mich sehr genau um, betrachtete das ganze Brechreiz verursachende Theater an der Hundefront, den riesigen menschlichen Müllhaufen, den irren Nazikram von Hundemüller, die Tipps vom brutalen Mexikaner und die Unterordnungs-methoden des angeblich netten deutschen Onkels. Als Zugabe bekam ich noch jede Menge Sadisten-zeugs von sehr vielen anderen stadtbekannten Trainern, die ihre Sache keineswegs besser machten, zu sehen. Ich sah, erschrak, staunte und schwieg. Dann begann ich gründlich nachzuforschen.

Auch über Zen. Vor allem aber wie man es schafft, niemals aufzugeben und im Fallen die Hundeleine keinesfalls loszulassen. Was dann kam, können Sie sich sicher schon denken: Ich begann zu schreiben. Denn die heutige Welt der Hunde ist eine wahre Folterkammer. Durch die Unwissenheit, Hilflosigkeit, Ohnmacht und Dummheit mancher Besitzer kam eine ganze Armada geldgieriger brutaler Trainer und Hundegurus ohne Lizenz oder Ausbildung an die Macht. Die Macht schläft bekanntlich nie.
Ich erwachte und begann, sie herauszufordern.

Der sanfte Extremist

Kennen Sie das?

Sie spüren, was Ihr Gegenüber braucht, weil Sie hochsensibel geboren wurden und Ihre Intuition und Empathie daher sehr viel stärker ausgeprägt ist als bei den meisten anderen Menschen.

Sie spüren auch, was Ihr Haustier von Ihnen braucht. Sie spüren es fast körperlich.

Alle unsensibel zur Welt gekommen Mitmenschen können leider gar nicht verstehen, was ich damit meine, es ist auch sehr schwer in Worte zu fassen, dieses Ahnen von Bedürfnissen.

Hochsensible Menschen sind großartige Freunde, geniale Partner und tolle Hundehalter. Leider bezahlen sie in all diesen Konstellationen einen sehr hohen Preis dafür. Denn in den meisten Fällen zahlen sie dabei drauf, körperlich wie auch emotional. Manchmal auch finanziell.

Weil sie sekundenschnell erfassen, was das Gegenüber gerade gerne hätte oder braucht, können sie genauso schnell darauf reagieren und diese Erwartungen erfüllen. Genau das ist auch der Fluch: Wer immer gibt, wer immer versteht, wer immer den Wünschen anderer entgegen kommt, verausgabt sich und vergisst auf sich selbst. Auf seine eigenen Wünsche und Bedürfnisse.

Das kann eine Weile lang gut gehen, vor allem, wenn man von Menschen umgeben ist, die diese Gabe nicht ausnutzen. Doch gerät man an den Nehmertyp sieht es eher übel aus mit der eigenen Befindlichkeit.

Man steckt zurück. Man vergisst sich selbst. Man schaut, dass es der Freundin, dem Partner, den Kindern, der Familie, dem Hund gut geht. Und dann erst, irgendwann, wenn alle anderen schon fast perfektionistisch zufriedengestellt und bestens versorgt wurden, kommt man selbst. Das macht mit der Zeit nicht glücklich. Es kann sogar krank machen.

Was das mit dem Höllenhund zu tun hat?

Sehr viel.

Ein Tier aus dem Tierschutz mit einer furchtbaren Vergangenheit braucht oft hundert Mal mehr Einfühlungsvermögen, tausend Mal mehr Zuwendung, hat meist krankheitsbedingt spezielle Bedürfnisse und ganz bestimmte Anforderungen an den Alltag.

Das kostet Zeit, Energie, Geld und Kraft.

Mein Hund, so sehr ich ihn auch mit jeder Faser meines Herzens liebe, ist manchmal so ein Energieräuber. Das liegt nicht nur daran, dass er in seinen Eigenheiten meinen Alltag wirklich erschwert, Hundekontakte unmöglich macht und jeder Gang aus dem Haus zu einer neuen Herausforderung wird, die es täglich motiviert zu meistern gilt.

Es liegt auch an mir und meiner Art, darauf zu reagieren. Ich könnte einfach sagen, es ist nur ein Hund, soll er doch machen, wie und was er will.

Ich aber denke: Ich will, dass er es so schön wie möglich hat. Noch schnell gucken, ob es ihm eh gut geht. Für ihn extra täglich frisch einkaufen und kochen, weil er gerne zu geregelten Zeiten frisst. Noch schnell dies und das und zwei Mann hoch plus ein Auto, um ihn bei seinen geliebten ausgedehnten Spaziergängen zu eskortieren, ihn irgendwohin in die Pampa zu kutschieren, dann das Auto putzen, weil er an schlechten Tagen nur im Auto zum Fressen zu motivieren ist. Es gibt Tage da denke ich mir: Ist es wirklich sinnvoll, sein ganzes Leben nach einem Hund zu richten? Der Höllenhund erfordert einen Aufmerksamkeits- und Pflegegrad wie ein Kleinkind; er hält mich 12 Stunden am Tag auf Trab, manchmal auch nachts. Wenn ich Verwandte und Freunde frage, was sie zu dieser verqueren, ungewollten und unerwarteten Mensch-Hund-Konstellation sagen, sehen die mich an, als hätte ich einen Dachschaden. Niemand den ich kenne, würde so auf die Bedürfnisse seines Hundes eingehen wollen oder können. Tanten und Onkels meinten bereits des Öfteren mitleidig: Bela, gib ihn doch einfach im Tierheim ab und lebe! Du wirst nicht jünger!

Das kann man sehen wie man will, aber wer mich kennt, weiß, dass es kein Zurück für mich gibt. Wer unter meinem Schutz steht für den sorge ich, selbst wenn es sich an sehr vielen Tagen meines Lebens anfühlt, als trüge ich eine Zentnerlast auf meinen Schultern.

Niemals Urlaub, niemals eine Auszeit. Bin ich weg, frisst der Hund nicht und wartet. Mitnehmen in Lokale, Hotels oder auf öffentlichen Plätzen ist hochgradig stressig für den Hund und somit für uns beide völlig unmöglich.

Bin ich weg, kann niemand mit dem Hund spazieren gehen.

Ich fühle mich oft wie gefangen. Dennoch gibt es keinen Ausweg, denn der Hund gehört zu mir. Er hat es sich nicht ausgesucht von der Straße eingefangen, in ein Tierheim eingesperrt und an mich durch einen Verein verkauft zu werden. Ich hätte es mir aussuchen können. Ich bin der Mensch. Und ganz ehrlich, selbst wenn mich jetzt viele hassen: Ich würde es wahrscheinlich nie wieder tun.

Ich würde mir keinen Hund mehr nehmen, den ich nicht wenigstens vorher persönlich gesehen habe. Und ich würde auch niemandem raten, einen unbekannten Hund aufzunehmen, wenn ihm sein eigenes Leben lieb ist. Es kann gut gehen, ganz klar. Nicht alle Hunde sind so kaputt wie meiner. Es kann aber auch schief gehen. Und was machen Sie dann? Haben Sie ausreichend Zeit, Geduld und Liebe, um sich intensiv um das Tier zu kümmern? Haben Sie einen Job, der das zulässt? Bringen Sie die körperliche Belastbarkeit für extreme Situationen in allen Bereichen mit? Wollen Sie das wirklich? Und ich kann Ihnen versichern: Niemand will das wirklich. Man möchte auch gerne Freunde treffen, unter Menschen kommen, nicht ständig zwanzig Augenpaare um jede Straßenecke vorausschauen lassen müssen, nicht um jeden Bissen buhlen, damit der Hund überhaupt frisst.

Ich werde mir nach dem Höllenhund keinen Hund mehr nehmen, obwohl ich sicher lange Zeit sehr traurig und auch sehr einsam sein werde.

Als hochsensibler Mensch muss ich aber nach all den Jahren der Sorge und Plage mit dem Hund, (und wer keinen Höllenhund oder chronisch kranken Hund sein Eigen nennt, kann da schlichtweg nicht mitreden!), wieder lernen, auch auf meine Befindlichkeiten und Bedürfnisse zu achten.

Mal wieder ein paar Tage auf Urlaub fahren, den Strand entlang bummeln, gemeinsam mit anderen Menschen in einem Kaffeehaus sitzen, der Sonne zusehen, wie sie ins Meer fällt. Keine besonderen Ansprüche, einfach relaxen und ausspannen ohne ständig denken zu müssen, ob es dem Tier gut geht, ob es wirklich gut versorgt ist. Nicht nachdenken müssen, was zu Hause alles passiert, ob man schon zu lange weg ist, oder ob er gerade erstickt.

Viele werden jetzt lächeln oder denken, dieser Tierarzt spinnt. Damit kann ich leben. Ich wurde so geboren, ich kann nichts dafür, ich kann es auch nicht ändern. Ich bin die Glucke, die Meinen sind mir heilig.

Neulich wollten wir einen kleinen Ausflug machen, der Hund, die Dame des Hauses und meine Wenigkeit.

Es war kühl draußen und der Hund liebt es mit dem Auto mitzufahren. Manchmal möchte er gar nicht mehr aussteigen, so gut gefällt es ihm im Auto.

Wir freuten uns auf den kleinen Ausflug aufs Land, dort wollten wir am Bauernmarkt einkaufen, mit dem Höllentier über die Felder spazieren und gleich wieder heimfahren. Also fuhren wir entspannt mit Sack und Pack los.

Als wir auf der Autobahn waren und die ersten zwanzig Kilometer zurückgelegt hatten wurde der Hund wahnsinnig unruhig. Er konnte die Umgebung nicht einschätzen, denn er kennt sonst alle Strecken, die wir täglich fahren und auch alle

Straßenmarkierungen, ob Sie es glauben oder nicht. Weichen wir nur kurz von der gewohnten Strecke ab, reagiert er irritiert.

Wir waren ungefähr bei Baden, als er jämmerlich zu fiepen begann. Er weberte unruhig auf seiner ausgebauten Rücksitzbank hin und her und schaute immer wieder verzweifelt aus dem Fenster. Nein, er musste weder auf die Toilette, noch war ihm übel oder sonst was.

Ich kenne meinen Hund, wenn er Angst hat. Und er hatte definitiv Angst. Er hatte Angst, wir würden wieder ins Ungewisse fahren, ihn vielleicht wieder irgendwo abschieben, ihn alleine zurücklassen. Ich bin ganz sicher, dass er so etwas in der Art dachte. Fiiiiiet, fieeeet! Furchtbar anzuhören.

Wir schauten uns kurz betroffen an und es war klar: sofort herunter von der Autobahn und retour nach Hause. Der Hund war über diese Autobahnstrecke mit einem Bus zu uns transportiert worden. War es das Geräusch der Reifen, das bei einer schnellen Fahrt über die Autobahn anders klingt oder die vorbeibrausende Umgebung, wir werden es wohl nie wissen. Fakt ist, dass wir in dem Moment, in dem wir beschlossen wieder umzudrehen, einen völlig ausgewechselten Hund an Bord hatten.

Das Höllentier legte sich augenblicklich hin, seufzte tief und schlief durch bis wir die Stadtgrenze erreicht hatten. Dort gab es natürlich für die Unbequemlichkeit, die er durch uns hatte, eine Belohnung beim Drive-In seiner Wahl.

Lachen Sie ruhig. Es macht mir nichts aus. Hauptsache, er ist glücklich. Er muss nirgends durch.

Und ich kann Brot und Eier auch im Metro einkaufen.

Der Schütze Hund

23. November bis 21. Dezember
SCHÜTZE (SAGITTARIUS)
Bewegliches Zeichen, Feuer
Herrscher: JUPITER
Kennworte: Ehrgeiz, Freiheitsliebe, Forscherdrang

Der Schütze Hund ist im Zeichen der Ehrlichkeit und Offenheit geboren. Er liebt nichts so sehr wie seine Freiheit und Unabhängigkeit.

Mit überschäumendem Eifer und wenig Geduld verfolgen Schütze Hunde ihre Ziele. Herrchen und Frauchen sollten darauf achten, dass ihre körperliche Kondition der ihres Hundes annähernd gleicht. Reise- und Abenteuerlust gehören zum Schütze Hund wie das Würstel und das Naschen, er möchte viel erleben und immer möglichst viel Spaß haben.

Unauffällig ist er praktisch nie, erfrischende Direktheit lässt ihn, wo immer er ist, zum Ereignis werden.

Er ist von Natur aus verantwortungsbewusst und macht sich über sein Wohl und sein eigenes Dasein viele Gedanken. Auch ist er sehr großmütig, weil ihm Harmonie und Anerkennung am Herzen liegen.

Besitzt man einen Schütze Hund, tut man gut daran, sich ein dickes Fell zuzulegen, denn er ist sich vollauf der Tatsache bewusst, dass die Erscheinungsformen der Zivilisation das Ergebnis hündischen Denkens und Handelns sind.

Sonntagshäppchen oder Feiertagsleckerli können Sie noch so gut verstecken, der Schütze Hund erreicht sein Ziel mit der Kraft seines positiven Denkens.

Typisch für den Schütze Hund ist der Satz:

„Ich sehe (alles)!".

Shaolin für Großstadthunde

Irgendwann traf ich einen Bekannten, der sprach: „Bela, Du stehst Dir gerne selbst im Weg!".
Natürlich sah ich das damals anders, lachte ihn aus und ging meiner Wege. Den Bekannten sah ich nie wieder. Im Laufe der Zeit begann ich aber zu begreifen, dass der gute Mann gar nicht so falsch lag mit der Einschätzung meiner Wenigkeit. Ich stand nicht nur mir, sondern auch meinem Hund im Weg.

Ich hatte die Situation nicht im Geringsten im Griff, deshalb blieb dem Hund anfangs gar nichts anderes übrig als selbst seine Entscheidungen zu treffen. Da er bisher durchwegs schlechte Begegnungen gehabt hatte, dachte er, auch die folgenden könnten nicht so nett werden und zog in den Krieg. Herrchen war ja keine große Hilfe. Herrchen war zwar da,

hing aber nur lästig am hinteren Teil der Leine wie
ein alterndes Kamel und war für sonst nichts zu
gebrauchen. Traurig. Das lief eine Zeit lang so, bis
ich beschloss, aus Fehlern Tugenden zu machen.
Keine leichte Übung möchte ich noch anmerken! Es
wäre einfacher gewesen eine Wagenladung voller
Pflastersteine wegzuräumen. Ich befasste mich ein
wenig mit spirituellen Dingen und stieß auf ein
Plakat mit der Vorankündigung der Shaolin Mönche,
die in Wien eine Vorstellung ihres Könnens gaben.

Was, wenn man ihre Grundsätze auf die Mensch-
Hund Misere, die ich bei mir zuhause hatte,
anwenden könnte? Ein wenig „Erkenne dich selbst",
ein bisschen Zen für die Mensch-Hund Beziehung?

Sich selbst zu kennen ist immer ein guter Anfang.
Meist scheitert es ja daran, dass man sich entweder
perfekt oder unzureichend fühlt. Beides ist nicht von
Vorteil um einem Höllenhund das Gefühl zu geben,
sich sicheren Menschenhänden auszuliefern, die
wissen, was zu tun ist, wenn es einmal brenzlig
wird. Und brenzlig wurde es jedes Mal sobald wir

gemeinsam das Haus verließen und andere Lebewesen oder bewegte Gegenstände trafen, die Planet Erde so bietet. Und der bietet reichlich! Wie reichlich, merkt man erst, wenn es einem ein tobender Zombie lebhaft vor Augen hält.

Wir liefen und liefen und liefen- zurück. Ich, total überfordert von dem verhaltensoriginellen Verhalten meines neuen Hundes, er, total überfordert von meinen unerfüllbaren Wünschen und Vorstellungen an ihn.

Erkenne dich selbst, bedeutet zu erkennen, dass man eigentlich selbst keinen Lärm mag, sich genauso erschreckt, wenn ein Radfahrer von hinten unsichtbar herangebraust kommt, ohne zu klingeln. Es bedeutet, zuzugeben, dass man sich bei Gewitter fürchtet oder vielleicht selbst ein schlechtes Gefühl hat, wenn der Sturm ums Haus heult. Auch menschliches Unbehagen bei sehr großen unangeleinten Hunden und plötzlich nahe vorbeidonnernden Lastwagen gehört dazu. Ist es nicht so? Ich war nie der Fußgänger und Wanderer.

Mit dem Hund muss man aber raus. Und draußen ist man allen Dingen sehr nahe, ohne Pufferzone, körperlich völlig ungeschützt, ohne Auto, ohne Schild. Das merkt man alles erst, wenn man täglich durch enge Gassen laufen muss und allen Dingen sehr viel näher kommt, als einem selbst lieb ist.

Achte auf das, was du spürst!

Was spürt man dann? Unbehagen. Körperliches Unwohlsein, man möchte so schnell wie möglich weg. Warum sollte sich da mein Hund wohlfühlen, wenn ich selbst es nicht tat? Zen holt genau das ans Tageslicht, was man bisher prominent ignoriert hat. Und zwar alles. Wenn du etwas tust, musst du es wirklich wollen, so lautet das Shaolin-Gesetz und ich tat genau das Gegenteil davon. Deshalb tat auch der Hund unentwegt das, was er wollte, aber nicht, was er sollte.

Und ich wollte das alles nicht. Ich hasste es mit einem tobenden Hund auf offener Straße zu stehen, mich an Zäunen festzuklammern und von Passanten irritiert oder böse angeschaut zu werden.

Der Idiot mit dem irren Hund dachten sie, oder der Doktor, der mit dem Vieh nicht fertig wird.

Sie hatten Recht, obwohl ich sie dafür verabscheute. Ihr und eure Überheblichkeit dachte ich zurück, euch wünsche ich mal mit meinen Rückenschmerzen und diesem Zombie-Hund einen langen Ausflug!

Ich war nicht nett und wohlwollend, ich war zornig, böse, hysterisch und unberechenbar, alles andere als gelassen, selbstsicher oder sonst etwas mit auch nur annähernd einem Funken Positivität. Ich war genervt, unwillig, widerwillig und fühlte mich vom Leben schlecht behandelt. Ungeduldig, reizbar und müde hatte ich null Bock auf diese Situation, noch dazu wo ich wusste, wie es hätte sein können.

Von gelassen sein in jeder Situation und dem ganzen Buddha-Kram war ich meilenweit entfernt. Ich war kein Baum, kein Zen-Apostel, kein Leuchtturm, kein Fels in der Brandung, nicht mal ein Kieselstein an einem ruhigen See. Ich war ich, und dieses Ich war in erster Linie besorgt. Besorgt, dass mein Hund jemanden beißen könnte, obwohl er nie versucht hat zu beißen, niemals. Aber er würde sich wehren und das war schlimm genug. Er war stark. Und er wäre ohnehin immer schuld.

Ich war besorgt, dass etwas passieren würde und er mir weggenommen, einem Wesenstest unterzogen (den er zum damaligen Zeitpunkt niemals hätte bestehen können) und schlimmstenfalls eingeschläfert würde.

Habe vor nichts Angst, das ist leicht gesagt. Ich bin zudem ein Helikopter-Dad. Das bezieht auch das vierbeinige Kind mit ein, da gibt es keine Ausnahme. Ich muss alle stets gut versorgt und in Sicherheit wissen, sonst finde ich keine Ruhe. Da nur ich für diese Sicherheit bei diesem Hund garantieren konnte (jedenfalls bilde ich mir das bis heute erfolgreich ein) war Schluss mit Abschieben der Gassigänge an Familienmitglieder, Schluss mit Leine, Fütterung oder sonstige Verantwortung aus der Hand geben. Ich übernahm das Kommando und somit auch die ganze Last. Die Last wog schwer auf meinen Schultern, was mit ein Grund war, weshalb mein Rücken sehr bald schmerzte und viele meiner Bandscheiben aktiv vorfielen wie durchgekaute Kaugummis. Ich wusste das alles, doch ich hatte keine Wahl. Ich wollte es hinkriegen, mit diesem Hund, denn ich kann sehr fehlgesteuert stur sein.

Perfekt im Denken und Handeln zu sein hatte ich verinnerlicht und daher hieß es nun zu lernen, so zu kämpfen, dass man niemals kämpfen muss. Ich inhalierte täglich die Grundsätze der Mönche, die mit Messern jonglierten und die mit ihren bloßen Händen Steine zerschmettern konnten. Ich konzentrierte mich auf das Wesentliche, auf den Augenblick, auf das Vorhandene. Es sagte mir nicht zu.

Ich arbeitete daran, meine Gegner zu respektieren und zu achten. Kein leichtes Unterfangen in einer Stadt voller „Meiner tut eh nix!"-Typen und ignoranten Leinenmuffel, das kann ich Ihnen versichern!

Zusätzlich sollte ich, während ich mich mit Fremden stritt und verbal duellierte, auch noch aufgeschlossen allem Neuen gegenüber und Herr meiner Gedanken sein. Sie können unmöglich gleichzeitig Herr oder Frau Ihrer Gedanken sein, wenn Sie über dreißig Kilo wütende Lebendmasse mit einem Strick in Ihrer Hand davor zurückhalten wollen in ein vorbeifahrendes Auto zu beißen. Nicht mal dann, wenn Sie sich noch so sehr bemühen in dieser comichaften Situation Ihr aufgebrachtes unbeherrschtes Selbst in ein *Misho-an*, also einen Ort des Lächelns, zu verwandeln. Es geht einfach nicht. Jedenfalls nicht in der ersten Übungsphase, die sich gut und gerne über Jahre erstrecken kann.

Mir fehlten die Grundvoraussetzungen für alles was mit Ruhe und Om zu tun hat, das wurde mir klar. Ich bin Emiliana Torrini in Jungle Drum, ich bin ein Schnellsprecher, Schnellhandler, Schnellschreiber und dazu hochgradig emotional. In extremen Situationen kann ich auch schon mal zum Tourette-Syndrom Anwärter werden. Ich bin eher das, was man so elegant mit *Sil lum kuen* benennt, was übersetzt Shaolin-Faust bedeutet, in ziemlich abgewandelter Bedeutung. Die Faust ist eher verbal gedacht, denn ich prügle mich nicht, kann aber durchaus handgreiflich werden, wenn jemand die Meinen körperlich bedroht. Shaolinmönch zu sein ist für mich nicht machbar. Aber ich arbeite daran und in weiteren siebzig Jahren werde ich eventuell Punkt drei erreicht haben. Wenn nichts dazwischenkommt. Bis dahin wandle ich leider auf der Suche nach heiligen Stätten in mir oder dem heiligen Gral. Aber ich bewege mich, ich stehe nicht still. Ich blicke immer hoffnungsvoll in die Zukunft.

Ein junger Zenschüler frug seinen Lehrer und Nansen (und fragen Sie mich jetzt bitte nicht, was die genaue Definition für Nansen ist!), was der Weg ist. Ihm ging es offensichtlich genau wie mir: Was zur Hölle war der Weg? Wie lautete die Antwort? Der Lehrer sprach: *Der alltägliche Geist ist der Weg.*

Dem Schüler war dies nicht Erklärung genug, dabei hätte er doch wissen müssen, dass jemand mit

Lehrerstatus immer kryptisch bleibt. Der Lehrer holte erklärend aus und sagte: (in erweiterter Form auch zu mir): *Je mehr du versuchst, den Weg zu finden, desto mehr entfernst du dich von ihm.*

Sehen Sie? Das ist diese Art von Antwort, die alles heißt aber keine konkrete brauchbare Information für einen Hilfesuchenden darstellt, der gerade versucht, innerlich Narnia zu finden aber auf dem Todesstern festsitzt.

Hätte ich beispielsweise rechtzeitig Bescheid gewusst über Hunde aus dem Tierschutz, wäre ich auf viele Dinge früher gekommen und hätte viele Wege auslassen können. Ich wusste es leider nicht besser. Deshalb ist Aufklärungsarbeit durch Tierschützer so wichtig, egal in welcher Form. Denn die meisten Menschen, und da sind Tierärzte keine Ausnahme, haben keine Vorstellung von Auslandstierheimen. Zieht ein adoptierter Hund ein, bringt er meist sehr schweres Gepäck mit. Einen ganzen Koffer, ja eine riesige Truhe voller Erfahrungen und Erinnerungen schleppt er mit und stellt sie vorsichtig und zögernd vor einem ab. Ist das nun wirklich sein neues Zuhause? Meistens versteht er nicht mal die Sprache, sollte er aus dem Ausland kommen. Ist er wirklich willkommen? Wird man mit ihm geduldig sein? Liebevoll und fürsorglich, oder wird er wieder auf der Straße landen, in der Tötung abgegeben, in ein Heim transportiert? Wird man ihn erneut von Mensch zu Mensch weiterreichen wie bisher? Wird es diesmal anders sein? Besser? Wird er genug zu essen haben oder wird er wieder völlig auf sich gestellt sein, alleine gegen den Rest der Welt, und Essen stehlen und verschlingen müssen, damit es ihm keiner nehmen kann, oder es irgendwo vergraben, für schlechte Zeiten? Denn er weiß, dass die Zeiten jederzeit schlecht sein können. Bei Regen ist er nass geworden, bei Schnee fast erfroren. Im Sommer hat er sich in Erdgruben versteckt, wurde von Menschen vertrieben und von Autos absichtlich angefahren. Er wurde vom Hundefänger halb erschlagen und viele Füße haben nach ihm getreten. Woher soll er wissen, dass er den

Menschen jetzt trauen kann, dass es diesmal wirklich für immer ist, dass man nachsichtig sein wird mit ihm, weil er nur Schlechtes erlebt hat? Wenn er den Koffer öffnet, wird man ihm beim Ausräumen helfen? Wird sich jemand wirklich ernsthaft bemühen, seine Ängste zu nehmen oder wird man ihn auslachen und bestrafen und schlagen, so wie bisher auch? Wird jemand verständnisvoll sein und ihn zu nichts zwingen, wenn er noch nicht bereit ist und wird man akzeptieren können, dass er für manches niemals mehr bereit sein kann? Ich hätte gründlicher nachdenken müssen, vorher schon, was ich von einem gebrauchten Hund erwarten kann. Denn man sollte nichts erwarten von einem weitgereisten, adoptierten Hund, der einzieht, außer vielleicht Angst und Unsicherheit. Er hat sich das nicht ausgesucht.

War ich bereit, das Unerwartete zu akzeptieren und mein Leben total umzukrempeln, wenn er es braucht? Ich war mir keineswegs sicher.

Der Steinbock Hund

STEINBOCK (CAPRICORNUS)
Kardinalzeichen, Erde
Herrscher: SATURN
Kennworte: Ehrgeiz, Beständigkeit,
Gewissenhaftigkeit, Organisation
22. Dezember bis 20. Jänner

Der Steinbock Hund wird sich nie damit zufrieden

geben nur so in den Tag hinein zu leben. Es drängt

ihn, eine besondere Leistung zu erbringen, etwas

Besonderes zu werden. Er strebt unbeirrt auf sein

Ziel los und lässt sich durch kein Hindernis von

seinem Weg abbringen.

Wie das Symbol dieses Zeichens, steht der

Steinbock Hund mit allen vier Pfoten im Leben.

Seine Umsicht ermöglicht es ihm, Gesehenes,

Erlerntes und Gehörtes zum eigenen Wohl nutzbringend anzuwenden.

Der Steinbock Hund hat großes Vertrauen in seine eigene Kraft und möchte daher auf niemandes Gunst angewiesen sein. Er liebt seine Rechte und vertritt die Meinung, Vorschrift ist Vorschrift und (sein) Recht ist (sein) Recht.

Seiner Meinung nach muss der Haushalt seiner Familie von A bis Z organisiert sein und perfekt funktionieren, denn er entwickelt sich zuhause manchmal zum Sklaventreiber.

Für den an sich ernsten Steinbock Hund ist das Spiel eine gute Gelegenheit, sich in heiterer Atmosphäre zu entspannen. Geduldig und ausdauernd widmet er sich seinen Lieblingsspielen: Katzen fangen, Eichhörnchen jagen und davonlaufen spielen mit Frauchen oder Herrchen. In der Liebe ist der Steinbock Hund solide, beständig und aufrichtig.

Typisch für den Steinbock Hund ist:

„Ich gebrauche".

Zeitreise

Ich glaubte noch nie an Zufälle.

Es war daher auch sicher kein Zufall, dass ich vor einiger Zeit diese junge Frau mit ihrem Hund sah. Ich fuhr gerade von einem unserer täglichen Ackerspaziergänge mit meinem Hund im Auto nach Hause und da stand sie, im Wiesenstreifen ziemlich nahe am Rand einer Schnellstraße in der Nähe von Wien, wo es zahlreiche freie Ackerflächen gibt. Ich konnte ihr Gesicht unter der Kapuze gut erkennen, sie schaute sehr verzweifelt drein.

Ich kannte diesen Ausdruck in ihren Augen, weil es vor sieben Jahren auch der meine gewesen war.

Sie stand nur still da, irgendwie fügsam, verloren und in ihr Schicksal ergeben, die Kapuze und den Schal weit ins Gesicht gezogen, die Stiefel dreckig von der schlammigen Erde, während sie in der einen Hand eine Laufleine hielt, an der ein großer Hund hing und sie mit der anderen Hand versuchte, balancierend das Gleichgewicht zu halten um nicht hinzufallen oder gar das Leinenende loszulassen. Der Hund sprang wie verrückt in alle Richtungen während sie sich mit der Leine abmühte, der eisige Sturm ihre Kapuze vom Kopf riss und zeitgleich der Schal wegsegelte, als wäre er leicht wie eine Daunenfeder.

Ich fuhr langsam an ihr und dem Hund vorbei.

Ich hätte schwören können, dass sie weinte. Der Hund drehte sich wie ein Kreisel an der Leine und ich wusste, er wäre ungesichert sofort ins nächstbeste Auto gesprungen.

Warum ich all das so genau wusste, obwohl dieser Zwischenfall nicht länger als ein paar Sekunden dauerte?

Weil dort an der Schnellstraße im matschigen Erdreich meine Vergangenheit stand, besser gesagt unsere Vergangenheit.

Als mein Hund vor sieben Jahren bei mir einzog und mich lehrte, dass ich nichts weiter als ein dummer Mensch war, der, obwohl Tierarzt und jahrzehntelanger Hundehalter, keinerlei Ahnung von Angsthunden und ihren Bedürfnissen hatte, gingen wir in den ersten Monaten durch die sprichwörtliche Hölle.

Jeder Gang aus dem Haus glich einem Horrortrip.

Jeder Hund, den wir trafen, war eine Gefahr.

Jedes Auto, jedes Fahrrad, jeder Mensch, jeder Vogel, jedes Blatt, einfach alles, was sich bewegte oder Lärm machte, war plötzlich unser ganz persönlicher Feind.

Ich erinnere mich noch sehr deutlich, dass ich den Verein meiner Wahl kontaktierte um nachzufragen, was ich ihnen denn getan hätte, weil sie mir einen Höllenhund schickten und keinen netten, normalen Hund.

Sie boten an, den Hund zurückzunehmen, was ich ihnen hoch anrechnete.

Aufgeben war aber keine Option.

Diesen Hund konnte man allerhöchstens wieder dorthin zurückschicken, wo er herkam. Zurück in die ungarische Hölle eines Tierheims, zurück in die Einzelhaft, die Kälte, die Angst. Mein Höllenhund.

Ich nahm es ihm nicht übel, dass er war, wie er war. Menschen hatten ihm das angetan. Allerdings beeinflusste sein verhaltensoriginelles Benehmen mein ganzes weiteres Leben. Nicht gerade zum Positiven. Jedenfalls nicht die ersten drei oder vier Jahre. Und hier kam auch schon das Karmasche Gesetz Nummer Zwei ins Spiel, welches lautet, dass wir unser Leben durch Aktivität erschaffen.

Das lasse ich mal hier so stehen. Ich bin kein aktiver sportlicher Mensch. Hundegassigänge schob ich Zeit meines Lebens gerne auf andere Familienmitglieder ab, ich gehe einfach nicht gerne draußen auf den Straßen und Gassen herum. Ich bin ein Automensch, ein Hausmensch, ein Einsiedler, wenn Sie so wollen. Aber eindeutig kein Draußen-Mensch und schon gar kein Outdoorfan.

Also überhaupt nicht der geeignete Mensch für einen nordischen Hund, der es liebt, draußen sein Leben zu verbringen und herumzurennen.

Ich sah, wie der Neue litt. Ich litt auch, mit ihm und wegen ihm. Draußen war für uns beide definitiv die Hölle. Dass wir unser Leben durch Aktivität erschaffen mag ja für andere gelten dachte ich, aber was für Aktivitäten sollte ich erschaffen, mit einer hundgewordenen Bestie an der Leine, die alles auffressen wollte was sich näherte und auch alles, was sich nicht näherte? Ich war verzweifelt und glauben Sie mir, das gebe ich nur sehr ungern zu.

Zur selben Zeit lief im Fernsehen wie immer vor und nach Weihnachten "Der Hundeflüsterer", auf allen Kanälen, bis zum Abwinken. Wohl um den weihnachtlichen vierbeinigen Geschenken und ihren Zweibeinern gleich einmal Alpharüden-Gesetze hardcoretechnisch und tierschutzwidrig näherzubringen, näher als sonst was.

Dabei gibt es keinen Alphawolf.

Es gibt auch keinen Alphahund. Und schon gar nicht gibt es irgendwo auf der Welt einen Menschen, der jemals auch nur annähernd etwas Ähnliches wie "Alphawolf" seines Hundes sein kann. Aber das ist eine andere Geschichte.

Millans hässliche Fratze trat in mein sonst so sonniges Leben.

Und mir wurde klar: Meinetwegen sollte dieser Hund lieber für immer ein Zombie bleiben, selbst wenn ich es nicht schaffen würde ihn höflich, aber bestimmt ins echte, schöne Leben zurückzuführen, aber niemals, niemals würde ich ihn mit feigen Fusstritten aus dem Hinterhalt oder mit Würgehalsbändern und Strangulationsversuchen traktieren. Niemals. Lieber selbst hinfallen. Ich konnte wieder aufstehen.

Zu diesem Zeitpunkt war ich mindestens genauso verzweifelt wie mein armer Hund.

Aber ist es nicht so: Was wir akzeptieren, wird uns nicht mehr verfolgen?

Ich habe mir vorgenommen hier ganz ehrlich zu sein, deshalb schreibe ich schonungslos die Wahrheit, auch wenn sie keineswegs gut klingt. Aber was klingt schon gut! Gut klingen die Vier Jahreszeiten. Die Wahrheit hingegen hört man nicht so gerne. Die Wahrheit tut weh und deshalb will man sie auch nicht sehen.

Ehrlich, ich dachte mir, ich schaffe das nicht.

Und ich hätte es auch fast nicht geschafft. Rund um mich öffnete sich der Höllenschlund der virtuellen Hundegruppen und der selbsternannten Trainer mit ihren fahrlässigen, brutalen Weisheiten, gefolgt von Tipps, die mir Fremde auf offener Straße ungefragt gaben.

(Sie müssen den Hund dominieren, so wird das nix! Fragen Sie einen Tierarzt/ Trainer/ Coach/ Flüsterer/ Heiler/ Mediator/ Dolmetscher/ Engelsrufer!)

Vor sieben Jahren stand ich genauso verloren irgendwo am Stadtrand auf einer der vielen Ackerflächen rund um die große Stadt, schaute verzweifelt drein und hielt dabei eine 5-Meter-Leine umklammert, an deren Ende ein tobender, ziemlich großer wolfsähnlicher Hund hing. (Mein Höllenhund, den keiner haben wollte und nun wusste ich auch sehr genau, warum das so war.)

Manchmal trug ich dabei eisklamme, nasse Handschuhe, im Sommer holte ich mir verbrannte Handflächen während die Leine fröhlich durch meine geballten Fäuste surrte; ich fiel bei jedem gesichteten Vogel ins klebrige, dreckige Erdreich, es hob mich im Fallen aus den Schuhen, ich stolperte dem Hund hinterher während Hasen, Füchse und andere Hunde laut über uns lachten, Menschen mich anschrien, ich Menschen anschrie, der Hund sowieso alles anschrie; ich brach mir fast das Handgelenk, hebelte mir im Fallen eine Bandscheibe aus, ich fluchte, tobte und schrie laut und oft vor mich hin während der Schnee auf mich fiel, der Sturm über mein Gesicht hinwegfegte und mir die Eistränen in die Augen trieb, ich mich und die ganze Welt und gelegentlich auch diesen Hund hasste und an mir, dem Universum und dem ganzen Rest zweifelte.

Ich sah Mais, Zuckerrüben und Weizen abwechselnd gedeihen, sah Rehfamilien kommen und gehen, betrachtete tote Kaninchen und blutende Hamster sowie sehr viele ins Jenseits beförderte Wühlmäuse, die mein Hund aus der Erde zog, mit einem Wolfsbiß im Vorbeigehen erlegte um sie dann sofort achtlos auszuspucken. Ich hasste den eiskalten, peitschenden Regen in meinem Gesicht, ich hasste den Nebel und erst recht hasste und verfluchte ich Glatteis und Schnee, wurde alle zwei Wochen krank und meine Nebenhöhlen füllten sich chronisch mit Eiter. Meine Hüften waren blau und grün von den Hämatomen, die ich mir vom Hinfallen holte, meine Arme zerkratzt und in meiner Seele loderte der Zorn und glühte die Wut; die Wut über meine Unfähigkeit, mit dieser völlig ungeplanten Extremsituation auch nur annähernd fertig zu werden.

Ich war müde.

Ich hatte keine Lust mehr auf dieses Leben.

So hatte ich mir das nicht vorgestellt mit dem neuen Hund. Ich bin ein harmoniesüchtiger Mensch. Nun war ich plötzlich auf dem Mars gelandet, obwohl ich von der Venus stamme.

Die Winter waren besonders hart.

Ich duellierte mich mit Jägern, Bauern und uneinsichtigen Hundehaltern, deren vierbeinige Meiner-Tut-eh-nixe nicht angeleint unsere ohnehin sehr entlegenen Wege irgendwo im Nirgendwo kreuzten. Ich gab es irgendwann auf, das Auto jemals wieder richtig sauber zu machen, trug statt Tweedanzügen nur noch warme, wasserdichte oder sonstwie praktische aber grottenhässliche Hosen und tauschte teure Lederschuhe gegen Gummistiefel und frostsichere, klobige Schnürstiefel aus mindestens Alaska wenn nicht noch weiter weg. In einem besonders strengen Winter kaufte ich mir Spikes für die Stiefel, ich erinnere mich genau.

Ich haderte mit dem Schicksal, oh wie ich haderte!

Ich bin wirklich nicht der Typ, der für diese Outdoorgeschichten geboren wurde. In meinen Gedanken reise ich gerne als einsamer Musher mit dem Hundeschlitten quer durch die schneebedeckten Weiten Alaskas oder ich sehe mich durch dichte Wälder streifen und Zelte im Dickicht aufbauen, die jedem Fähnlein Fieselschweif Ehre bereitet hätten. Ich sehe mich sogar als Indiana Jones furchtlos durch die Wüste reiten, auf dem Rücken edler Araberhengste dahinfliegen oder im offenen staubigen Geländewagen markig querfeldein preschen, komme was da auch immer kommen wolle.

Mit khakifarbenen Beinkleidern, deren unteres Ende mindestens fünf Taschen hat und ober dem Knie abzippbar ist habe ich es im echten Leben aber nicht so.

In Wahrheit bin ich eher der Stadttierarzt, der niedliche Kätzchen tröstet und Hunden elegant kleine Verwöhnhäppchen reicht um sie fröhlich zu stimmen, wenn sie kränkeln. Anschließend sitze ich gerne auf meinem Chesterfieldsofa, lese ein gutes Buch, blicke sinnierend ins Feuer und trinke dabei Tee mit Milch. Indoor ist mein Outdoor.

Ich bin hochsensibel, genau wie mein Hund, der zu diesem Zeitpunkt ganz dringend Hilfe brauchte. Nur wusste ich das vor sieben Jahren leider noch nicht. Ich wusste auch nicht, dass nicht mein Rücken weh tat, sondern die Last.

Genau wie mir damals nicht klar war, dass meinem Hund nicht der Magen weh tat, sondern das, was die Seele nicht verdaut. Und noch weniger war mir klar, wie lange es dauern würde bis sich ein Hoffnungsschimmer abzeichnete.

Aber ich akzeptierte, dass es war, wie es war- und begab mich auf die Suche nach Alternativen. Schon deshalb, um dem vierten vom Karma diktierten Gesetz die Ehre zu erweisen, welches besagt, dass wir durch die eigene Veränderung wachsen. Was blieb mir auch anderes übrig. Ich ging hin und sperrte von einem Tag auf den anderen meine wahnsinnig gut gehende wahnsinnig tolle

Tierarztpraxis zu und begann ein neues Kapitel. Nicht, weil ich es so toll fand arm und arbeitslos zu sein und nebenbei mit einem irren Hund zuhause zu sitzen und zu warten, dass die Zeit vergeht. Sondern weil wir unser Leben selbst bestimmen sollten, so will es jedenfalls das fünfte Gesetz.

Mein altes stressiges arbeitsreiches Leben schien alles andere als selbstbestimmt. Das war natürlich eine schöne Ausrede, denn ich hätte es ja längst ändern können, war aber aus irgendeinem undefinierbaren Grund zu feig oder zu beschäftigt. Daher erschien mir der Zeitpunkt richtig für eine grundlegende Veränderung. Auch, um daran zu wachsen. Wenn schon, denn schon.

Ich sperrte die Tierarztpraxis zu und übergab sie an einen Kollegen. Und wartete selbstbestimmt auf das, was auf mich zukommen würde. „Ein Mensch ist das Ergebnis seiner Gedanken", sagte Gandhi, „Was er denkt, das wird er sein.". Ich begann zu grübeln. Eine sehr gute Freundin sagte spaßeshalber zu mir, der nicht weltkompatible Hund sei wahrscheinlich ein Widder Hund. Ich dachte zuerst an nahenden Irrsinn, der sie befallen hätte, aber dann gefiel mir der Gedanke. Warum eigentlich nicht? Wir sind alle Lebewesen und werden unter dem gleichen Firmament geboren. Die Sterne und der Mond sind unser gemeinsamer Himmel. Warum nicht ein wenig nachdenken über das Sternzeichen meines Hundes, über dessen Geburtsjahr ich genauso wenig wusste wie über seinen Geburtsmonat? Ich sah der Astrologie spaßeshalber kurz über die Schulter und staunte nicht schlecht, als sich da einige Ähnlichkeiten auftaten.

Der Vergleich der menschlichen mit den tierischen Sternkreiszeichen wurde mein Hobby und eine gute Freundin half ein wenig mit, diese Eigenschaften herauszuarbeiten.

Letztendlich kam ich zu dem Entschluss, dass mein Hund tatsächlich ziemlich sicher ein Widder Hund sein könnte. Aber auch Waage und Zwillinge schloss ich keinesfalls aus. Unter welchem

Sternzeichen auch immer er geboren wurde, sein Aszendent war jedenfalls eindeutig. Er war Aszendent Wolf.

Tipps vom Karma:

Versuche nie, dich selbst zu belügen.

Wachse durch die eigene Veränderung.

Erwarte stets das Unerwartete!

Wenn du keine Kraft mehr zum Weinen hast, dann lache.

Um zu helfen muss man verstehen

Vielleicht haben Sie ja auch so ein schwieriges Exemplar aus dem Tierheim zuhause. Und fragen sich manchmal, wieso der Hund so ist, wie er nun mal ist. Wir können oder wollen uns das nicht vorstellen, dieses Leben im Tierasyl, das oft den Namen Heim nicht verdient. Es geht über unsere Grenzen, besonders wenn es sich um ein Tierheim im Ausland handelt. Dort ist alles noch viel schlimmer als in Österreich oder Deutschland und selbst da ist es oft schon schrecklich genug.
Was hat er hinter sich? Was genau hat ihn zu dem gemacht, der er ist? Ein kleiner Einblick. Ein ganz kleiner. Aber groß genug, um besser zu verstehen.

Es ist laut, es sind viele da, weit über hundert. Sie alle haben Angst, Hunger oder kämpfen gerade ums Überleben. Täglich kommen ein paar dazu,

selten geht einer weg, und viele kommen eines
Tages wieder. Und ich, mittendrin. Eingesperrt in
einem kleinen Betonverschlag mit Metallstäben
davor. Ich werde behandelt wie ein
Schwerverbrecher, dabei habe ich nichts getan.
Mein einziger Fehler auf dieser Welt ist es, ein
Hund zu sein, der auf der Straße in Freiheit lebte.
Falsche Gattung! Nichts wert. Gitter zu, laut und
dreckig. Du dreckiger Köter, sagten sie zu mir.
Wenn ich aufs Klo muss, pinkle ich mir direkt neben
die Stelle wo ich manchmal schlafe. Ich kann
ohnehin nur selten ein Auge zu tun, bei all dem
Lärm und all der Verzweiflung rund um mich.
Gleiches gilt fürs Kacken. Ganz schlimm, wenn ich
mal Durchfall habe, und das ist oft der Fall. Ich
heule zwar und zeige an, dass ich raus muss, doch
es interessiert hier niemanden. Es interessiert
deshalb niemanden, weil all die anderen auch
heulen und rausmüssen. Gefangene wie ich,
manche sind schon ewig da. Wir alle wollen nur
eines: hier wieder wegzukommen. Deshalb schreien
wir, wir schreien und bellen und heulen, doch es

nützt nichts. Ich habe versucht, die Gitterstäbe durchzubeißen, doch das hat auch nichts genutzt. Meine Zähne tun jetzt weh. Nach einiger Zeit stumpft man ab. Man schreit aus Gewohnheit, weil alle anderen auch schreien, weil die Lage hoffnungslos, aussichtslos und so was von beschissen ist. Ab und an schleppt man uns zum Tierarzt, dort bekommt man eine schmerzhafte Spritze und davon kackt man auch wieder. Haben Sie sich schon mal ins eigene Schlafzimmer gekackt? Ich wünsche das niemandem. Üble Bauchschmerzen und keine Wiese, kein Bordstein weit und breit. Ich wüsste ja, wo, aber es geht nicht. Die Metallgitter sind dick und aus die Maus. Es ist laut. Und sterbenslangweilig. Es stinkt. Alle haben Angst. Mehr gibt es hier nicht. Der Arzt riecht gefährlich, überhaupt riecht hier alles gefährlich, nach Angst und Tod und Krankheit und Verzweiflung. Ich weiß nicht, ob ich hier jemals lebendig rauskomme. Da wo ich vorher eine Zeitlang war, war es auch nicht viel besser. Schläge und Prügel ohne Ende, nichts konnte man dem

Arschloch recht machen. Dabei habe ich mir die allergrößte Mühe gegeben. Dennoch bin ich hier. Mich nimmt keiner mit, denn auf den Gitterstäben hängt ein Zettel, da steht drauf „Bissig". Dabei habe ich noch nie im Leben jemand etwas Böses wollen, ich schwöre! Man sagt, ich sehe nicht besonders gut aus und die anderen können mich nicht leiden. So gesehen, ist die Wahrscheinlichkeit äußerst gering, dass mich jemals jemand da herausholt und mir ein Zuhause gibt. Ich will leben, ich will raus! Bitte, bitte! Hört mich keiner? Ich will alles tun, um ein guter Hund zu sein! Sieht das niemand? Nachts beiße ich trotz der bösen Zahnschmerzen immer wieder in die Gitterstäbe, doch sie geben nicht nach. Dann tun mir die Zähne noch mehr weh und fangen an zu bluten. Blut schmeckt salzig und bitter. Ich drehe mich im Kreis wie der Wind, ich will laufen, ich will da raus, doch niemand hilft mir. Irgendwann verstehe ich: Ich werde vielleicht hier sterben. Hier in dem eiskalten windigen Betonverschlag mit der angeschissenen Mauer, hier werde ich sterben, alleine unter hunderten von

Artgenossen, eingesperrt und einsam, langsam
zugrunde gehen. Hoffentlich bald. Besser tot sein
als hier gefangen zu verrecken. Ich mag nicht mehr.
Ich drehe mich nicht mehr wie der Wind, wenn
Menschen kommen. Sie nehmen ohnehin immer
jemand anderen mit. Mich sehen sie gar nicht, ich
bin Luft, völlig unsichtbar. Ich rolle mich zusammen,
auf dem stinkenden feuchten Fetzen, mache mich
klein, mache mich bereit zum Sterben. Augen zu,
damit ich die Wand nicht mehr sehen muss. Stehe
nicht mehr auf zum Essen. Hebe den Kopf nicht
mehr zum Trinken. Heule nicht mehr mit den
anderen. Bewege mich nicht mehr, wenn jemand
mit dem Fuß nach mir tritt um zu sehen, ob ich noch
lebe. Nur ein Wunder kann mich noch retten, doch
Wunder gibt es hier nicht. Deck mich zu Schnee, bis
ich erfriere. Erfrieren ist ein schöner Tod, am Ende
wird einem ganz warm und man schläft einfach ein.
Der Schnee ist sanft und sauber und weich. Hüll
mich ein, Schnee und ich gehe einfach nachts von
hier fort. Im Land wo die Schneeflocken über weite

Steppen fliegen werde ich laufen, endlos laufen und
für immer frei sein.

Der frühe Vogel fängt den Zeitungskolporteur

Ganz am Anfang unserer diabolischen Beziehung, als ich der Verzweiflung viel näher war als der Hoffnung, dass jemals alles besser wird, erzählte mir eine Kollegin von ihrem Schäferhund. So wie meiner, mochte auch ihrer andere Hunde zum Fressen gerne und doch hatte sie das Problem gelöst hatte. Wie?

Sie stand einfach täglich gegen drei Uhr in der Früh auf und ging in der finsteren Nacht mit ihrem Hund spazieren. Ich erinnere mich noch sehr genau daran, wie ich mir damals augenblicklich symbolisch an die Stirn tippte und an geistige Umnachtung der armen lieben jungen Frau dachte. Ich liebe meinen Nachtschlaf, ich bin zwar theoretisch ein Frühaufsteher, aber praktisch kein Nachtaufsteher. Wenigstens die Sonne sollte schon aufgegangen sein um meinen Tag zu erhellen, wenn ich meinen untrainierten Körper aus dem Bett schwinge. Alles andere überließ ich sehr gerne den Hühnern und meiner guten Freundin mit ihrem verkorksten Hund. So dachte ich jedenfalls.

Bis ich nach wochenlangen furchtbaren, sich für immer in mein Gedächtnis einbrennenden einschneidenden Erlebnissen bei hellem Tageslicht mit freilaufenden riesigen Hunden, vorbeibrausenden Autos, Unmengen von Radfahrern, Joggern, rollerfahrenden Menschen aller Altersklassen oder einfach nur Fußgehern, Handwerkern, der Müllabfuhr, dem Freund und Helfer, Postboten, Spediteuren und allem was sich sonst noch so auf der Straße bewegt, die Patschen streckte und kapitulierte.

Ich gab auf. Es war einfach nicht länger zumutbar, bei Tageslicht mit meinem Hund das Haus zu verlassen. Sollten Sie diese Situation nicht kennen und auch nie selbst erlebt haben, (und ich wünsche Ihnen von ganzem Herzen, dass Sie sie niemals kennen lernen müssen!), werden Sie jetzt vielleicht achselzuckend denken, dass ich nicht ganz dicht bin. Ich dachte das nämlich früher auch immer, wenn ich solche Exemplare mit Hund dran hinter Autos kauern oder irgendwo an Zäunen hängen sah, betend, dass das Geschirr nicht aufgeht, man nicht den Halt verliert und der andere endlich schnell vorüberzieht. Denn selbst wenn Sie nur Besitzer eines höllischen Minihund-Exemplares sind und dieses bei Bedarf notfalls hochreißen können ist es nicht besonders lustig. Es ist anstrengend, laut, peinlich, tagesfüllend, zeitraubend und nervtötend so einen Hund öffentlich an der Leine zu führen und nichts, rein gar nichts dagegen machen zu können, weil er sich von allem bedroht fühlt und bereits beim Anblick eines im Wind wehenden Grashalmes einen hochgradigen diabolischen Austicker bekommt. Einen Anfall, der den Menschen am anderen Ende der Leine verzweifelt nach Laternenpfählen, stabilen Gartenzäunen und dergleichen Ausschau halten lässt, um sich daran irgendwie mit einer Hand festzuklammern. Bis der vermeintliche Feind endlich das Weite gesucht hat oder der Wind leiser weht und der Hund wieder in den Normalmodus eines typischen Hundes verfällt. In strengen Wintern hing ich bei Glatteis schon mal an kahlen Sträuchern und Ästen, die aus einem Gartenzaun hervorwuchsen und naturgemäß oft abbrachen. Ich fand mich auf der Straße liegend wieder, heldenhaft die Leine umklammernd und lauthals fluchend. Buddha und die anderen Edlen rutschten mir dabei gepflegt den Buckel runter mit ihren Zen-Weisheiten und ich dachte in solchen Minuten weder daran, dass geistige Größe alle körperlichen Gebrechen unsichtbar machen kann noch, dass mein Lächeln die Welt verändert. Mir war nicht nach Lächeln, eher nach: Gebildet, aber ohne Bodenhaftung!, inklusive Mord- und Totschlag, Status: Es! Ist!! Kompliziert!!!

Es begab sich also in unserer ersten gemeinsamen Zeit, dass mein reizender neuer Hund alles, was ihm in die Quere kam (auch in hundert Meter Entfernung oder weiter weg), also schlichtweg ausnahmslos alles, als seinen ganz persönlichen Feind betrachtete, selbst wenn es sich um Gespenster handelte. Er schrie wie am Spieß sobald er einen Hund sah, auch in sehr weiter Entfernung. Er schrie so laut, dass Passanten stehen blieben, weil sie dachten, ich tue dem Hund was an oder er sei schwer verletzt. Er gebärdete sich wie ein panisch verwirrter, soeben aus der Anstalt entflohener Irrer und ich hing an ihm hinten dran und war schlichtweg entsetzt. Entsetzt, dass ich so eine fellüberzogene Katastrophe adoptiert hatte, verärgert, weil ich nicht doch den netten Golden Retriever Welpen gekauft hatte, zornig, dass ich einen abbekommen hatte, der irgendwie ganz und gar nicht das war, was ich bestellt und erwartet hatte und offensichtlich auch noch irreversibel bekloppt war.

Erwarte das Unerwartete! Diesen Satz sollten Sie immer im Hinterkopf haben, falls Sie gerade mit der Idee spielen, einen gebrauchten Hund zu adoptieren oder zu übernehmen, ohne ihn zu kennen. Tun Sie es im Zweifelsfall lieber nicht, denn der Vertrag Mensch-Hund ist bindend und ein Für-Immer-Ding und könnte schlimmstenfalls Ihr Leben komplett verändern. Sollten Sie das weder können noch wollen, schauen Sie sich das neue Tier vorher gut an. Ansonst kann es Ihnen passieren, dass Sie sich auch plötzlich um drei Uhr morgens in finsteren Gassen wandelnd wiederfinden, nachtschlafend und bleich wie ein Vampir, mit irrem Blick, wirrem Haar und geröteten Augen. So wie oben genannte liebreizende Kollegin, über die ich mich Anfangs amüsierte. Und so wie letztendlich auch ich.

Ich gab es irgendwann auf, tagsüber den Hund auszuführen. Es brachte uns nichts außer Ärger und Stress.

Frei nach dem Motto „Zerstört, was euch stört!" stellte ich also meinen neuen Wecker auf Morgengrauen, schraubte nächtlich mit den Fingern tastend die Augenlider nach oben und stieg in die abends bereitgelegten Hosen und Turnschuhe. Dann weckte ich den Hund und latschte mitten in der Nacht los. Der Hund war begeistert.

Die Dame des Hauses hingegen haderte mit mir und dem Hund, sie hasste es, mitten in der Nacht geweckt zu werden, was absolut verständlich ist.

Geweckt wurde sie vor allem durch das freudige Herumgetrippel und aufgeregte Gehechel, denn mein Hund liebte diese Uhrzeit und nach dem zweiten Ausgang war er schon drei Minuten vor mir wach und schraubte mir seine Zunge ins Gesicht. Er liebt es auch, sehr deutlich zu reden, so wie alle Nordischen, die gerne mit Glocken und Wölfen kommunizieren, egal ob die Nachbarn darüber froh sind oder nicht.

Aufstehen, Herrli, wir gehen los! Das ist cool, keiner außer uns da, der mir Angst macht!

Wie meinte doch Tao-Shan?

Gib dich selbst an andere weg, übergib dich dem Leben, gib es auf, alles verstehen zu wollen. Gib dich nur ganz einfach.

Und ich gab es auf und dachte frohlockend und mit einer langen Leine ausgestattet, weil um diese Uhrzeit ohnehin höchstens Mörder, Sexual- verbrecher und die Polizei unseren Weg kreuzen würden, dass wir nun entspannt unserer finsteren

Wege ziehen könnten. Das war bevor wir auf die Zeitungskolporteure trafen.

Zeitungskolporteure, so lernte ich, üben ihren Job in der Vorstadt gerne mit dem Rad aus. Sie brausen dazu lautlos hinter finsteren nachtschwarzen Ecken hervor und erschreckten mich und den Hund das erste Mal fast zu Tode, da ich von ihrer Existenz bis dato nichts wusste. Jetzt wusste ich, dass auch die Nacht kein sicherer Schutz war und ich musste meine Uhrzeit und Wege nach den Zeitungsverteilern richten. Da war der Schwarze auf einem schwarzen Rad mit einem schwarzen Hemd und ohne Licht. Er war am bedrohlichsten von allen, weil er absolut nicht zu erkennen war, weder am Geräusch der Reifen noch am nicht vorhandenen Licht. Als wir ihn das erste Mal trafen fiel er vor Schreck fast selbst vom Rad, während der Höllenhund sein Grooooaaaaarrrrrrgrrrr losbrüllte, das durchaus berechtigt war, wenn Sie mich fragen. Ich war selbst mehr als erschrocken und mein Blutdruck stieg blitzartig in schwindelnde Höhen, wähnte ich uns doch in düsterer Sicherheit. Es gab noch einige andere, aber am liebsten war mir der Inder, der sein buntes Fahrrad mit einem Taschenradio bestückt hatte und auch gerne laut mitsang, wenn er nicht mit Indien telefonierte. Den hörte man wenigstens schon von der Ferne und konnte rechtzeitig ausweichen.

Unsere Nachtspaziergänge wurden gelegentlich überschattet von fragwürdigen Gestalten, die durch den Wald gingen, uns aber aus bekannten Gründen nie zu nahe kamen. Einbrecher selbst traf ich zum Glück nie, ich sah allerdings, wie drei Polizisten, hinter einem Gebüsch versteckt, auf einen Einbrecher warteten.

Erstaunt nahm ich heimkehrende, aus Taxis fallende betrunkene Pärchen wahr, die nicht voneinander lassen wollten, traf Familie Fuchs und deren reizende Abkömmlinge, mehrere Marder, diverse Krähen, die irgendwann eines ihrer Kinder an den Höllenhund verloren und auch viele Kröten. Ich lernte Sonnenaufgänge zu schätzen, ich lernte zu lieben, was sich nicht vermeiden ließ, ich legte mir einen Roller zu und fuhr damit im Sommer neben dem Hund her, was ganz schön wach macht. Vor allem aber lernte ich, dass eine Stadt kurz vor dem Aufwachen mit ihren menschenleeren Gassen, die nur uns gehörten, wunderbar still sein kann.

Mein Körper gewöhnte sich an die Morgenausflüge, wir wanderten oft sehr lange herum, ich wie ein Vampir, er wie ein Werwolf, wir beide wie von einem anderen Stern und doch ein Team, das auf alle Menschen und ihre Weisheiten pfeift.

Wir hatten einen Weg gefunden und diesen beschritten wir. Im Winter hinterließen wir auf dem frischen Morgenschnee unbeschrittener Gassen unsere Spuren; Menschenfüsse und Hundepfoten, im Sommer raubten mir Vogelkonzerte der erwachenden Sänger fast den Atem. Im Herbst erstaunten die Nebelschwaden mit ihrer Kellerluft und dem Hinweis auf Vergänglichkeit, während im Frühling blühender Flieder alle Sinne berauschte, vom Neubeginn erzählte und meine Nase einlud, sich im Vorbeigehen tief in ihm zu vergraben.

Wunderbar!

Der gute alte Buddhameister hatte Recht: *Es gibt keinen Weg zum Glück. Glück ist der Weg.* Eigentlich ist ja der Weg das Ziel. Aber wie auch immer, wir waren eindeutig auf dem richtigen Weg. Und der Hund, dieses nervliche Wrack, wurde allmählich ruhiger.

Wenn du deine Feinde nicht besiegen kannst, dann mach sie dir zum Freund, und so machten wir uns die Nacht zum Freund. Die kleinen Schritte bringen dich nach ganz oben aber zumindest bringen sie dich entspannt voran.

Ich besaß nun Turnschuhe, Schneestiefel, Spikes für Schneestiefel, Kamelhaarsocken, Outdoor-Hosen, Stirnbänder sowie diverse furchtbare Jogginghosenmodelle und verließ darin sogar das Haus, wenn auch nur nachts. Äußerlichkeiten wurden mir egal, Wertigkeiten verschoben sich.

Denn das Einzige, was wirklich zählt, ist ohnehin nur der Augenblick und in meinem Fall, dass der Hund wieder ein glücklicher Hund wird.

Life is but a dream!

Singen Sie gerne? Sollten Sie aber, wenn Sie einen Hund haben, der sich im Auto gebärdet als wäre Lucifer Morningstar persönlich hinter ihm her sobald der Motor startet.

Drehen wie ein Kreisel auf der Rücksitzbank (Ich höre das Publikum schon weise Worte murmeln: „Deshalb gehört das Tier auch in eine Box gesperrt!") war unsere leichteste Übung, mit allen Vieren gegen die Fensterscheibe zu springen Standardprogramm jeder Fahrt.

Sich mit der Breitseite gegen die Türe zu werfen kostete mich irgendwann nicht mal mehr ein Achselzucken, fragen Sie bitte nicht, wie das Auto innen ausgesehen hat. Als es nach ein paar Jahren seinen Geist für immer aufgab lag das aber nicht am Hund, sondern am Motor, der einen Schaden hatte. Böse Zungen könnten jetzt ein Wortspiel daraus machen und flüstern, dass vielleicht eventuell möglicherweise auch der Hund einen hätte.

Klar hatte er! Menschen hatten ihm den zugefügt. Er wurde ausgesetzt, eingefangen, in einem leeren Haus zurückgelassen, vier Jahre irgendwo in der Puszta in einem dreckigen Außenzwinger in Einzelhaft gehalten, von einem LKW angefahren und dergleichen mehr. So gesehen hält sich sein Schaden eigentlich in erstaunlichen Grenzen. Menschen wären mit dieser Geschichte wahrscheinlich reif für die geschlossene Anstalt.

Als man mir vor vielen Jahren das andere Ende der Leine in die Hand drückte hat man mich leider weder darauf vorbereitet was der Hund mochte, noch was er nicht mochte. Es wäre in der Tat nett gewesen mir zu sagen, dass er so gut wie nichts mochte. Auch nicht Fressen. Vor allem aber mochte er keine anderen Hunde. Irgendwann bekam ich dann auf der ungarisch-deutschen Vermittlungsseite durch Zufall heraus, dass er „ein Problem mit

Rüden hat". Ach ja und von Katzen stand auch was im Text. Im eher Kleingedruckten war von „nur in sehr erfahrene Hände abzugeben" die Rede. Auch die Hände hätten das gerne vorher erfahren.

Das alles las ich erst Wochen später. Zu spät.

So geschah es, dass man mir einen völlig unbekannten Hund mit völlig ungeahnten Qualitäten in dieser eisigen Winternacht überreichte und wortlos abfuhr.

Ich stand da. Mit einem fremden Tier, das sich zuhause nicht einmal über die Schwelle ins Haus hineinwagte. Er hatte Angst. Nur nicht vor mir. Irgendwie konnte ich ihn davon überzeugen doch nicht draußen zu übernachten, es schneite und war eiskalt. Endlich drinnen, küsste er sehr vorsichtig mein Gesicht und saß ruhig neben mir, aufmerksam, erschöpft und in sein Schicksal ergeben.

Das rührt echt sehr ans Herz. Ich habe schon so oft gesehen, wie sich Hunde in ihr Los fügen, komme was wolle. Mit traurigen Augen sehen sie den

Menschen an, der sie irgendwo hinbringt, ins Ungewisse, in eine vielleicht furchtbare Zukunft, basierend auf einer noch furchtbareren Vergangenheit. Sie gehen dennoch brav mit. Sie können nicht wissen, dass hinter der neuen Türe ein neues Leben liegt, in dem nur noch Gutes kommen wird. Sie kennen nur das Böse vom Menschen deshalb sind sie so, wie sie sind. Und dennoch so unendlich vertrauensvoll. Trotz dieser großen Angst. Angst isst die Seele auf.

Meiner machte da keine Ausnahme. Auch im Auto nicht. Angst! Angst! Angst!

Ich probierte es kurz mit einer Box im Auto. Die Box wanderte nach der ersten und einzigen Fahrt, die nur fünf Minuten dauerte, ins Geschäft retour. Der Hund dachte in der Box sein Ende naht, er fiepte und wimmerte in Todesangst. Stehenbleiben, Hund aus der Box befreien und Box wegbringen waren eins. Wir fuhren ohne Box weiter. Er tobte, drehte sich und sprang gegen die Scheiben. Das war mein Junge! Und ich begann zu singen.

„Row, row, row your boat" eignet sich hervorragend für diesen Zweck. Ich denke dabei immer an Spock, Kirk und Pille, wie sie gemeinsam am Lagerfeuer sitzen und musizieren. Wenn Sie einen Beifahrer haben können Sie das Lied auch zweistimmig singen. Nun singe ich nicht so, dass es für den ersten Platz bei DSDS reicht. Aber ich singe auch nicht so schlecht, dass ich Menderes die Hand reichen müsste.

„Gently down the stream", und Ruhe war im Auto.

Kein Springen, kein Drehen, kein Toben, nur *„Merrily, merrily, merrily, merrily, Life is but a dream!"*.

Mit einer Ausnahme: Werden andere Hunde aus dem stehenden oder fahrenden Auto gesichtet, könnte ich auch heute noch die Wahnsinnsarie anstimmen, der Feind muss terminiert, die Grenzen abgesteckt, das Auto und mein Leben, unsere beiden Leben, verteidigt werden.

Damit kann ich aber leben. Gut und gerne. Da nutzt weder der einlullende Gesang von Blonder

Ärztin noch meiner, wenn der Hund aus dem Fenster brüllt. Ich interpretiere das mal freihändig als *„I, I will be king, and you, you will be queen. Though nothing will drive them away! We can beat them, just for one day; we can be Heroes, just for one day!"*

Überhaupt nimmt mein Hund, nennen wir ihn Kleiner Wolf, da ich aus Datenschutzgründen seinen wahren Namen niemals preisgebe, seine Aufgabe als Bodyguard sehr ernst. Was nicht schlecht ist in Zeiten wie diesen, wo Hausfrauen mit Labradors an der Leine in Parks vergewaltigt werden.

Mir würde niemals jemand böses antun mit dem grauen Wächter an meiner Seite.

Auch das Auto würde keiner stehlen sobald die vierbeinige Alarmanlage an ist.

Das ist doch das bisschen Gesang wert, oder?

Da draußen in den unendlichen Weiten des Internetzes gibt es jetzt sicher ein paar

Hundekundige, die denken: Was soll der Mist! Wozu sollen wir singen, wenn doch auch wegsperren geht? Er wird sich schon daran gewöhnen, der Hund! Da muss er durch!

Dazu möchte ich an dieser Stelle den wunderbaren Spruch einfügen: Nicken, lächeln, Arschloch denken. Eignet sich fast für alle Gelegenheiten, meist lasse ich aber nicken einfach weg. Und lächeln schadet ja nie.

Probieren Sie es einfach aus! Es kostet nichts. Nach nur ein paar Wochen fuhren wir gelassen und entspannt durch die Straßen, kein Gebrüll mehr bei vorbeifahrenden Autos, LKW oder Mopeds.

Warum das geklappt hat? Weil Musik keine Grenzen kennt, die Sprache der Herzen ist. Musik verbindet auch die unterschiedlichsten Arten: die, die vom Affen abstammen und die, die vom Wolf abstammen. Musik ist international.

Wie heißt es so schön? Wo man singt, da lass dich nieder, böse Menschen kennen keine Lieder.

Dazu passen ganz wunderbar diese Zeilen:

„For good times and bad times, I'll be on your side forever more.

That's what friends are for!"

Der Wassermann Hund

21. Jänner bis 18. Februar
WASSERMANN (AQUARIUS)
Festes Zeichen, Luft
Herrscher: URANUS
Kennworte: Menschenfreundlichkeit, Unabhängigkeit,
Originalität

Da der Planet Uranus den Wassermann regiert,
sind Freundschaft und Kameradschaft von größter
Wichtigkeit für den im Wassermann geborenen
Hund.

Wer ihn zum Freund wählt kann sich seiner
unverbrüchlichen Loyalität sicher sein. Der
Wassermann Hund besitzt ein exzentrisches
Temperament, Entschlossenheit und
Starrköpfigkeit.

Geht man auf seine Ideen zu wenig ein fühlt er sich
gekränkt oder bricht eine Auseinandersetzung vom

Zaun. Hunde, die im Zeichen des Wassermanns geboren wurden, werden im Leben niemals einsam sein. Sie genießen es, neue Hunde und Menschen kennenzulernen um Gedanken auszutauschen; infolge ihres Intellekts erfolgt die Kommunikation natürlich auf geistiger Ebene.

Gelingt es beim Wassermann Hund die Lust am Spiel zu wecken, wird aus der härtesten Konfrontation rasch ein unterhaltsames Zwiegespräch. Er liebt gute Unterhaltung in anregender Gesellschaft.

Durch seine Originalität und Energie ist er der geborene Alleinunterhalter.

Der Wassermann Hund liebt die Schönheit der Natur, doch möchte er sie lieber auf bequeme Art bewundern können.

Sportliche Betätigungen sagen ihm weniger zu, es sei denn, als Zuschauer.

Wenn Sie mit ihrem Wassermann Hund ein glückliches Leben führen möchten ist es ratsam, die sprichwörtliche Leine sehr locker zu lassen.

Der Wassermann Hund ist zwar kein Snob, doch hegt er eine große Abneigung gegen billige Nachahmung und jede Form von Heuchelei.

Typisch für den Wassermann Hund ist:

„Ich weiß“.

Weißt du, wer du bist?

Das erste gemeinsame Jahr war das schwierigste. Nachdem ich mich mit dem Karma darauf geeinigt hatte, höflich zu akzeptieren, was nicht zu ändern war und aufgeben sowieso niemals eine Option für mich ist, stellte ich selbst mir ein paar Fragen.

Wollte ich wirklich so ein Leben führen?

Wusste ich, was mit mir passiert ist?

Es war nur ein Augenblick nötig, um mein Leben komplett zu verändern, nichts Großes, ein Hund zog bei mir ein. Und zeigte mir all die Facetten meiner eigenen Unzulänglichkeit auf, ließ mich die beige Aura des Gleichmutes erkennen, von dem die Menschen in einer großen Stadt erfasst sind.

Einem Gleichmut, der nicht neu ist, es schrieb schon Dante Alighieri einst darüber: *„Der eine* *wartet, dass die Zeit sich wandelt, der andere packt sie an und handelt.*" Wegschauen, es bleiben lassen, anderen nicht helfen, tatenlos zusehen und abwarten, Dinge, die nicht gleich wie gewünscht funktionieren, sofort entsorgen, auch wenn es Tiere sind- das ist der heutige Zeitgeist. Keine Arbeit darf es machen, schnell muss es gehen, schön und jung muss das Tier aussehen, billig muss es sein!

Schon die Kleinsten treibt man ins Burn-out, weil sie es einmal besser haben sollen, irgendetwas erreichen sollen, was man selbst nie geschafft hat, und keinesfalls sollen sie die gleichen Fehler machen wie man selbst.

Aber ist dies wirklich das Leben, das ich leben möchte? Bin ich die Person, die ich sein will? Könnte ich nicht freundlicher, mitfühlender, liebevoller sein?

Ich kann mich entscheiden, wer ich sein möchte. Ich alleine kann entscheiden, wie ich mein Leben leben möchte.

Ich atme ein, ich atme aus, und dann entscheide ich mich. Ist dies die Person, die ich sein will?

Burn-out, Stress, ungesunder Lebensstil, Krebs, Schlaganfall und Herzinfarkt treffen nicht immer nur die anderen. Sie können auch mich morgen heimsuchen. Wir sind nicht unsterblich.

Die sinnlose Frage beim Bewerbungsgespräch: „Wo sehen Sie sich in fünf oder zehn Jahren?" führt zu der Frage, woher manche die Gewissheit nehmen, dass sie in zehn Jahren noch leben. Die ebenso sinnlose Frage mancher Hundehalter, was denn der Hund für Kommandos und Kunststücke könne, (Rolle rückwärts? Vorwärtstanzende Rückkehr auf einem Bein? Tot stellen auf Befehl? 24 Stunden-Beisskorbtoleranz ohne murren?), führt zu der Frage, womit sich solche Personen die Liebe ihres Hundes verdient haben.

Rund um uns Gier, Frust, Unlust, Einsamkeit und kalte Herzen, ein stetiger Anstieg der Süchtigen und der Singles. Die häusliche Gewalt gegen Schwächere nimmt ständig zu, aber die Polizei, unser Freund und Helfer, schreitet oft erst ein, wenn jemand schon halb tot auf der Matte liegt, egal ob Hund oder Mensch. Vorsichtshalber begeben sich Uniformierte nur zu zweit oder dritt an den Einsatzort, gerne nachdem man eine gewisse Zeit verstreichen ließ. Man will sich ja nicht in Gefahr bringen. Vielleicht noch Kaffee trinken. Während irgendwo ein Vater sein schreiendes Kind verbrüht, ein Mann einen Hund aus dem vierten Stock wirft, eine Frau Katzenwelpen ertränkt, ein Kind einem Hund die Ohren abschneidet. Da wäre dann aber sowieso zuerst das Jugend- oder das Veterinäramt zuständig gewesen.

Bloß nicht alte Gewohnheiten loslassen und lieber davonlaufen, wenn es brenzlig wird.

Das Märchen vom bösen Wolf stimmt nicht: Der Wolf ist genau das Gegenteil von böse. Er ist fair, loyal und zeigt Teamgeist. Diese Eigenschaften besitzt auch der beste Freund des Menschen, der Hund. Am ehesten „böse" von allen Tieren verhält sich, wen wundert's, der Affe.

Sah man je, wie ein Pavian ein Hundebaby entführt, hinter sich nachschleift und dann in seine Affengemeinschaft zwangsintegriert, weiß man, wem der Mensch am meisten ähnelt. Unsere Wurzeln sind nicht zu leugnen.

Entwicklungstechnisch haben wir uns von der Steinzeit in ein neues Jahrtausend katapultiert, das an Technik nichts zu wünschen übriglässt. Empathisch gesehen befinden wir uns immer noch im tiefsten Mittelalter. Das muss sich ändern. Ich wollte ein Teil davon sein, der diese Veränderung mitträgt, sei es durch meinen eigenen, von anderen Mitmenschen völlig verkorksten Hund, sei es durch die Macht der geschriebenen Worte. Die Sprache ist mächtig, sie unterscheidet den Menschen vom Tier.

Mein mächtigster Leitsatz zu diesen düsteren Zeiten, als Kleiner Wolf und ich noch quer durch Mordor wandelten, war ein verbales Leuchtschwert, ein Elbenfunken, gesandt von Menschenmeister Gandhi: *„In a gentle way you can shake the World".*

Wer Gewalt sät, wird Gewalt ernten. Und hier kommt auch wieder meine gute alte Freundin Karma ins Spiel, deren sechstes Gebot unverrückbar feststellt: Alles im Universum ist untereinander und miteinander verbunden. Liebe und Hass. Trauer und Freude. Leben und Tod. Mein Höllenhund und ich und der Glaube, dass irgendwann alles gut wird.

Das wurde es dann ja auch. Und Karma wäre nicht Karma, hätte es nicht auch dazu einen schlauen Satz parat: Mach immer einen Schritt nach dem anderen! Ein Marathon erschöpft, aber kleine Schritte führen konsequent ans Ziel.

Mein Leben wimmelte nur so von Weisheiten, die damals alle ungehört und unbedacht an mir abprasselten, als wäre mein Verstand überzogen von einer neugewachsten Regenjacke von Barbour.

Mein Hirn war ausschließlich auf Erfolg programmiert, innehalten und im Yogasitz nach dem richtigen Weg suchen stand nicht auf meiner

Tagesordnung. Daher wurschtelte ich weiter und immer weiter und es wurde schlimmer und immer schlimmer, so schlimm, dass ich tatsächlich eine Zeitlang beschloss, das Haus nicht mehr freiwillig mit diesem Hund zu verlassen. Er wollte draußen sowieso nur Krieg führen und weder riechen noch stehen noch schnüffeln noch aufs Klo gehen.

Aber hatte ich nicht genau diesen Hund beim□ Universum bestellt? Wollte ich nicht einen schönen, wachsamen Begleiter, der mir notfalls Schutz geben konnte? Bestellen Sie nie unüberlegt beim Universum! Es könnte in Erfüllung gehen.

Traurige Details über die nächsten drei Jahre erspare ich Ihnen. Wir gingen dann natürlich doch am nächsten Tag wieder draußen spazieren und auch am übernächsten. Und deshalb springen wir nun gemeinsam zu dem Kapitel, wo mein Hund bereits wieder stehen bleiben und schnuppern gelernt hatte ohne in klassische Panikattacken zu verfallen.

Tipps vom Karma:

Mach immer nur einen Schritt nach dem anderen!

Du wirst niemals perfekt sein also verschwende deine Zeit nicht damit, es zu versuchen.

Umarme dich stattdessen selbst, umarme den, der du gerade bist, in all deiner Unvollkommenheit und erkenne, dass genau diese Unvollkommenheit dich zu der Person machen, die du sein sollst.

Der Fische Hund

19. Februar bis 20. März
FISCHE (PISCES)
Bewegliches Zeichen, Wasser
Herrscher: NEPTUN UND JUPITER
Kennworte: Mitgefühl, Universalität,
Entsagung

Das Zeichen Fische ist ein hochsensibles Zeichen.
Hunde, die in diesem Zeichen geboren sind,
reagieren stark auf Gedanken und Empfindungen
ihrer Menschenfamilie.

Sie sind verzweifelt darum bemüht, das Richtige zu
tun, doch ihre Willenskraft ist meist nicht sehr groß
und sie lassen sich daher leicht beeinflussen. Sie
müssen lernen auf ihren eigenen vier Pfoten zu
stehen und mit schlichter Zuversicht dem
Unbekannten ins Antlitz zu blicken.

Den Fische Hund umgibt stets eine gewisse Müdigkeit, die ihn jede größere Anstrengung und sportliche Tätigkeit vermeiden lässt.

Jupiter ist einer der Herrscher des Zeichens Fische, da er als Beschützer wirkt, gibt er den Fische Hund-Geborenen den notwendigen Glauben an ihre Vitalität. Der eher passive Fische Hund neigt zur Unentschlossenheit und geht Schwierigkeiten gerne aus dem Weg.

Seine Gemütslage schwankt zwischen kräftigem Optimismus und schwarzem Pessimismus. Er hat eine mehr als lebhafte Phantasie und bewegt sich gerne in seiner Traumwelt, in der er alles Alltägliche vergessen kann.

Der Liebreiz, der Humor, das freundliche und bescheidene Wesen des Fische Hundes verleitet ihn jedoch oft dazu, den Dingen ihren Lauf zu lassen.

Spielen bedeutet für Ihren Fische Hund die Möglichkeit, dem „Traum vom Glück" ein bisschen Realität zu verleihen.

Das richtige Frauchen oder Herrchen für den Fische Hund zu finden ist nicht immer leicht. Himmelhoch jauchzend und zu Tode betrübt, Irrungen und Wirrungen sowie komplizierte Situationen begleiten den Fische Hund nicht selten am Weg zum Glück.

Doch sind Sie voll und ganz für Ihren Fische Hund da, ist er liebenswert, hingebungsvoll, selbstlos und bereit, sich für Sie aufzuopfern und Ihre Gefühle voll Innigkeit und Zärtlichkeit zu erwidern.

Typisch für den Fische Hund ist:

„Ich glaube".

Immer der Nase nach!

Die Welt der Hunde wird dominiert von Gerüchen, nur der Mensch ist ein optischer Typ.

Stehen bleiben um in Ruhe ausgiebig zu schnüffeln ist wichtiger und wertvoller für unsere Hunde, als möglichst schnell eine möglichst lange Runde zu drehen und dabei zielstrebig von A nach B zu gelangen.

Qualität vor Quantität!

Mein ehemaliger Ostblockprinz musste das erst wieder lernen. Und einige Hundehalter da draußen sollten auch schleunigst wieder lernen, ihrem Fellfreund das Leben zu bieten, das ihn glücklich macht. Sie müssen lernen, ihren Hunden Schlaf- und Ruhepausen zu lehren!

Selbst predigen wir von Entschleunigen, Verlangsamen und Innehalten, aber unsere armen Haushunde drehen wir unentwegt voll auf, als wären es Rennboliden, denen man vor dem Qualifying noch mal so richtig in die Pedale steigt. Allein wenn man in diversen Höllenforen mitliest (was selten, aber doch geschieht, meist, wenn mich ein Freund auf etwas aufmerksam macht) und die geplagten Augen Sätze sehen müssen wie „Muss rassespezifisch gefordert werden! Braucht nach Vermittlung gründliche Unterordnung! Will ausgelastet und hart gearbeitet werden!" möchten sie sich freiwillig und schnell wieder schließen.

Hart arbeiten sollte mancher Mensch an der Vergrößerung und Weiterbildung seines Erbsengehirns, welches täglich gegen Null zu schrumpfen scheint, anders kann man sich das tierische Ausdauer- und Erschöpfungstraining mancher Hundehalter nicht erklären. Hunde brauchen 18 Stunden Schlaf, sie wollen nicht ständig mit anderen spielen, sie wollen nicht an der Leine im Trab neben einem Fahrzeug herrennen oder joggend über Betonwege oder Laufbänder galoppieren. Sie wollen auch mal Ruhe haben!

Sie lieben es, und das ist ihr wahres Wesen, ihre Bestimmung, ihre Natur, stehen zu bleiben, anzukommen und zu riechen. So wie auch wir gerne in einer gepflegten Hotellobby oder einem gemütlichen Kaffeehaus sitzen und entspannt Zeitung lesen möchten. (Was in diesem Format wahrscheinlich nur der Wiener kennt.) Was bekommt der Hund stattdessen?

Er bekommt einen hektischen Coffee to go aus dem Automaten, viel zu heiß, viel zu süß, viel zu schnell!

Und dann wundern wir uns, warum unsere **AUSGEPOWERTEN, AUSGELASTETEN, STETS HART GEARBEITETEN** Tiere ständig krank sind.

Wir manchen sie krank.

So geschah es auch mit meinem Hund. Er mutierte zum Vorzeigehöllenhund und einer musste das dann ausbaden. Dieser Eine war ich.

Draußen lag eine neue schöne Welt, die ich mit ihm erkunden wollte, aber wenn man in Panik verfällt sobald man das sichere Haus verlässt, kann man nichts erkunden. Gar nichts.

Nichts wollte der Hund lieber als hinausstürmen, und draußen wollte er nichts lieber als planlos loszurennen, egal wohin, links, rechts, weg oder im Kreis, Hauptsache schnell fort. Ohne zu riechen, ohne zu schnüffeln, nur weg, planlos, kopflos; furchtbar anzusehen, wenn man weiß, wie sich normale Hunde verhalten.

Es gab kein stehenbleiben und schnüffeln, Gerüche interessierten ihn damals nicht die Bohne.

In dieser heißen Phase traf ich zufällig eine Frau, die mir die Geschichte von ihrem ehemaligen Zwingerhund erzählte. Ihrer wäre so wie meiner gewesen, schilderte Sie mir und sie hätte vier lange Jahre gebraucht, bis er wieder zum halbwegs alltagstauglichen Hund wurde.

Ich lächelte sie damals milde an.

Vier Jahre!

Wir würden das doch ganz locker in ein paar Wochen schaffen. Gedauert hat es dann fast fünf Jahre. Nach zwei Jahren konnte Kleiner Wolf hinausgehen und draußen am Laternenpfahl Nachrichten von Kollegen lesen, markieren und gelassen ein paar Minuten mit gesenktem Kopf seine Nase arbeiten und nachdenken lassen. (Solange keine anderen Hunde in Sichtweite waren. In dem Fall ging gar nichts mehr, rien ne va plus.) Das war vorher undenkbar. Vorher schaute er nur panisch und wirr nach allen Seiten.

Wie wir das geschafft haben? Wir gingen es ruhig an. Sehr ruhig. Die ersten Wochen verließen wir kaum das Haus, der Hund hielt sich hauptsächlich im Garten auf, wo er auch aufs Klo gehen konnte.

Das mit der Toilette war überhaupt so eine Sache: Selbst nach einer halben Stunde Spaziergang kam er nach Hause zurück um zielstrebig im Garten Kot abzusetzen. Auch das hörte irgendwann schlagartig ganz von selbst auf. Ich habe nichts dazu beigetragen außer im Winter die tiefgefrorenen Haufen einzusammeln, im Sommer die warmen weichen. An dieser Stelle oute ich mich als der, der die Haufen nach dem Waschbären warf, der in unserem Bezirk wildert und der ständig unsere Eichkätzchenkinder frisst. Ich denke, das ist legitim. Sorry, Nachbar! Ich hörte auch schon zahlreiche Unkenrufe tierlieber Damen, die mir völlig empört vorwarfen, meinen Hund zur Igeljagd zu animieren. Meine Güte, ich bitte Sie! Igel kann man gar nicht jagen. Nicht mal der dümmste Hund jagt ein Tier, das sich sofort einrollt, anstatt fortzulaufen. Und der Verlust und die Trauer über die Wühlmausopfer am Feldrand hält sich wahrlich bei mir in überschaubaren Grenzen. Es gab keine Diskussion mit meinem Hund über das Kackthema im Garten. Jeder hat seine Macken. Er war eben so. Wenn es sein sollte, hätte ich es auch so beibehalten, mein Garten ist nicht der Garten Eden und Kleiner Wolf hat ohnehin seinen eigenen Grabebereich, der von Jahr zu Jahr auf mysteriöse Weise immer größer wurde. Bis uns nur noch eine kleine Terrasse mit

Blumen blieb. Man wird bescheiden. (Aber das ist eine andere Geschichte, an der auch der gemeine Buchsbaumzünsler nicht ganz unschuldig war. Und dann war ohnehin schon alles egal.)

Dass es Menschen auf diesem Planeten gibt, die denken, sie retten bissige Hunde, indem sie diese von der Straße einsammeln und dann in einem Garten lebenslänglich wegsperren (besonders widerliche Exemplare machen diese ohnehin schon vorgeschädigten Tiere noch mannscharf, um sie dazu zu benutzen, ihr Hab und Gut bewachen zu lassen und sind auch noch stolz darauf!) macht mich immer wieder sehr betroffen. Hunde sind zwar in der Regel Einzelgänger, aber das heisst nicht, dass sie gerne in Einzelhaft leben. Hunde sind soziale Wesen, die es lieben, draußen im Freien herumzulatschen, sich im Matsch zu wälzen, andere Hunde anzustänkern und auch mal Aas zu fressen. Ein lebenslänglicher einsamer Aufenthalt in einem eingezäunten Grundstück ist nichts weiter als eine erweiterte Zwingerhaltung. Eine Zeitlang ist es manchmal notwendig, aber für immer? Können Sie sich das vorstellen, Gefängnis bis in den Tod? Selbst wenn es ein sehr schönes Gefängnis wäre: Auch ein goldener Käfig bleibt immer ein Käfig. Aber machen Sie das mal den Typen "vom Fach" klar. Es sind die gleichen Menschen, die es vorziehen, ihren ach so geliebten, geretteten Hunden die abgefaulten Zähne mittels Stock im Maul mit der Klempnerzange zu ziehen. Widerliche, brutale Exemplare, mit denen ich nichts zu tun haben will. Nicht mal virtuell. Gar nicht. Offensichtlich gibt es zwei Klassen von Hundekennern; die, die ihre Hunde heillos überfordern und die, die sie gar nicht fördern.

Was ist gut und was ist böse?

Tipps vom Karma:

"Jemand, der vollkommen zum Wesen von Gut und Böse erwacht ist, von dessen Wurzeln bis zu den Zweigen und Blättern, wird Buddha genannt."

Der Widder Hund

21. März bis 20. April
WIDDER (ARIES)
Kardinalzeichen, Feuer
Herrscher: MARS und PLUTO
Kennworte: Initiative, Aktivität,
Unternehmungsgeist

Widder ist ein Feuerzeichen und wird von Mars und Pluto beherrscht. Weil es auch ein Kardinalzeichen ist, stellt sich der Widder Hund stets neuen Aufgaben, die ihn solange fesseln, bis der Reiz des Neuen verflogen ist. Hunde dieses Zeichens haben ein ungeheures inneres Bedürfnis, sich durch Aktivität zu bestätigen.

Der Widder Hund gibt sich nicht damit zufrieden über Bedürfnisse nachzudenken, es drängt ihn, sie in die Tat umzusetzen. Der Widder Hund sollte zuerst überlegen bevor er etwas unternimmt, dann kann er alles erreichen. Seine Impulsivität und die Unfähigkeit den Rat anderer anzunehmen, bringen den Widder Hund leicht in Schwierigkeiten. Er neigt zur Ungeduld, ist aggressiv und bellt alles gerade heraus.

Der Widder Hund ist sehr ehrgeizig, er möchte stets der Erste und Beste sein. Er ist eine ausgesprochene Führernatur und lechzt nach Ruhm und Anerkennung. Weil sein Wunsch so sehr nach Autorität und Überlegenheit beseelt ist, geschieht es leicht, dass er im Umgang mit anderen Hunden lieber aggressiv, statt vernünftig und diplomatisch vorgeht.

Einen Großteil seiner Kraft schöpft der Widder Hund aber daraus, dass er sich einfach nie geschlagen gibt. Fehlschläge können ihn niemals entmutigen und er wird immer nach neuen Ausdrucksmöglichkeiten suchen.

Der höher entwickelte Widderhund verfügt über große Willenskraft, Selbstvertrauen in seine geistigen Fähigkeiten und sein blitzschnelles

Reaktionsvermögen. Aktivität und Bewegung prägen den feurigen Widder Hund auch in der Freizeit.

Spontanität und Schnelligkeit prägen das Spiel der Widder Hunde. Der Widder Hund ist ein schneidiger Ritter, der um die Gunst seiner Angebeteten kämpft.

Er übernimmt auch in der Liebe gerne die Initiative. Seine Liebe ist stark und entschlossen, er möchte sich aber dennoch umsorgt und beschützt fühlen.

Sind Sie stolzer Besitzer eines Widder Hundes wird Ihr Leben nie lauwarm, ruhig und beschaulich werden.

Typisch sein Motto:

"Ich bin".

Ich esse nur, was die Oma kocht!

Kennen Sie den alten Spruch „Was der Bauer nicht kennt, frisst er nicht"?

Ich habe das als Kind auch immer gesagt: „Ich esse nur, was die Oma kocht!". Ich verwöhnter Fratz, ich. Deshalb wundert es mich nur sehr wenig, dass mein Hund so ähnlich gestrickt ist wie ich. Wir stehen uns sehr nahe, mein Höllengefährte und ich.

Wobei ich wenigstens bei der Innenarchitektur wesentlich flexibler bin als mein Hund. Ich mag neue Möbel. Der Hund hingegen nicht.

Mein Lieblingshund mag immer nur das, was er schon kennt. Egal ob Keks, Hundehütte oder Bett.

Neulich fuhr ich zum Fressnapf und kaufte ein sündhaft teures, wohlig weiches orthopädisches Hundebett. Es passte von der Größe grade mal ins

Auto, ganz knapp ging die Türe noch zu. Der Hund mag große Betten. Nachts wechselt er dann mehrmals von der linken in die rechte Bettecke um sich dort mit wohligem Grunzen hineinfallen zu lassen.

Ich schleppte also das tolle neue Bett nach Hause und warf das alte vom Schlafzimmer in den Müll. Die Müllabfuhr kam und das Bett war weg. Hässlich war's und durchgelegen! Das neue Bett stand tagsüber zum Beschnuppern im Wohnzimmer herum und er ignorierte es nicht mal. Abends stellte ich das Bett dann ins Schlafzimmer.

Es wurde Nacht. Zuerst kam der Höllenhund nicht ins Schlafzimmer, stellte sich dafür aber zehn Minuten lang ins Badezimmer. Dazu muss ich sagen: Seit der Hund bei uns einzog war er ungefähr so an die sechs Mal im Bad. Er mag das Bad nicht, denn dort sind rutschige Fliesen.

Er stand also im finsteren rutschigen Bad herum und atmete vorwurfsvoll. Später drehte ich das Licht ab, Schlafenszeit!

Denkste.

Der Hund atmete schwer, stand unbehaglich und unbeweglich neben meinem Bett und schaute vorwurfsvoll in die Dunkelheit. Gegen zwei Uhr morgens begann er möglichst intensiv zu hecheln. Stand er nicht neben meinem Bett, senkte er sein edles Haupt und lag auf dem Teppich herum oder ging im Zimmer hin und her. Dann wieder legte er sich neben sein neues Bett. Einmal betrat er es probeweise um nach einer halben Minute wieder herabzusteigen, nicht ohne zu stöhnen.

DAS IST NICHT MEIN ALTES BETT, NEIN, NEIN! Das hier kenne ich nicht, will es auch nicht kennen und probiere es daher auch gar nicht erst aus.

(Ich wusste schon: Was der Bauer nicht kennt...)

Die Dame des Hauses zischte gegen zwei Uhr dreißig in meine Richtung „ Sieh nur, wie das arme Tier leidet! Und du bist schuld! Du vernachlässigst den Hund durch die ewige Schreiberei und dann schleppst du noch dieses Ungetüm von neuem Bett an, das ist zu hart/hässlich/hoch/unbequem! Wir wollen es nicht!!!" (Man beachte: Wir, bitte, nicht Er)

Der Hund schnaubte, hechelte und stand immer noch unschön in der Gegend herum. Das kann er gut. Er hat dabei auch immer den längeren Atem. Irgendwann regt mich das so auf, dass ich wutschnaubend die Decke von mir werfe und das war's dann mit der Nachtruhe. Ich gebe nach.

So war es auch diesmal.

Gegen drei Uhr morgens stolperte ich zornig die Treppe hinunter um das zweite alte, feine Hundebett, das ich gottlob noch nicht weggeworfen hatte, in den ersten Stock zu schleppen. Ich sage nur: Wendeltreppe! Kontaktlinsen! Kalt!

Kein Spaß. Mit letzter Kraft zerrte ich das neue superteure Ungeheuer ins Bad und warf es Richtung Badewanne.

Der Hund hingegen legte sich mit einem lauten Seufzen ins alte Bett, ringelte sich, drehte den Kopf von mir weg und schlief augenblicklich ein.

Ich nicht. Ich hörte noch eine Zeit lang *„Siehst du! Du warst schuld, dass der arme Hund kein Auge zutun konnte!"*. Der Bauer.

Frühmorgens bestellte ich ein neues, altes Bett bei Amazon. Es kam schnell bei uns an.

Gegen Mittag dann bekam ich beim Hundebettengeschäft einen Gutschein überreicht für das zurückgebrachte neue Bett. Den ich nicht brauchen kann, weil mein Hund von dort nichts frisst. Und nein, wir tragen auch kein Hundeoutfit dieser Handelskette.

Ich kann schon von Glück reden, dass das Höllenvieh wenigstens gerne mit meinem neuen Auto fährt. Ich hätte sonst den Kampf verloren. Wo ich doch immer schuld bin.

Mea culpa, mea culpa, mea maxima culpa.

Detox der Geschwindigkeit: Geschützt, und an die Hand genommen

Kennen Sie das? Den Wald nicht mehr sehen können vor lauter Bäumen, naheliegende und einfache Dinge übersehen aus Unachtsamkeit, vor lauter Hektik, Lärm und Stress? Dagegen hilft nur eines: Eine kleine Pause einlegen, anhalten, zur Ruhe kommen, achtsamer werden.

Liebe beginnt mit Achtsamkeit und ist daher der einzige Weg, um diesen Planeten und die Lebewesen darauf zu retten. Liebe ist eine Himmelsmacht, die alles kann, alles duldet und alles möglich macht, aber darauf komme ich noch am Ende dieses Buches zurück. So wie der Glaube Berge versetzt, kann die Liebe uns retten, selbst wenn wir schon fast innerlich erloschen sind. Sie ist die mächtigste Kraft des Universums. Die Liebe allein kann uns heilen. Sie ist selbstlos, sie gibt, sie verzeiht, sie versteht und verwandelt.

Ziel der Entschleunigung und Entspannung ist ein achtsames und bewusstes Wahrnehmen Ihres besten Freundes, um einen respektvollen Umgang mit einem Lebewesen, dessen Wohlergehen komplett in Ihrer Hand liegt, zu ermöglichen und seine Einzigartigkeit im Detail zu erkennen.

Setzen Sie dabei bitte weder sich selbst noch den Hund unter Druck.

Ihr Hund liegt oder sitzt neben Ihnen oder auf Ihrem Schoss.

Schließen Sie die Augen und atmen Sie ein paar Mal konzentriert und langsam ein und aus. Dann machen Sie die Augen auf und betrachten ganz bewusst Ihren Hund.

Was sehen Sie?

Der Kopf des Hundes ist die Wohnung des Bewusstseins, seine Augen der Spiegel der Seele

Betrachten Sie ganz in Ruhe die wunderschönen Augen Ihres Hundes. Es sind gute, liebevolle Augen, die Sie sehen, Augen, die Ihnen jederzeit aufmerksam folgen, die Sie beobachten, um die Signale, die Sie mit Ihrer Körpersprache aussenden, besser zu verstehen. Um Ihre Wünsche zu erfüllen! Sie können leuchten, diese Augen, sie können aber auch unglücklich und glanzlos aussehen. Wie sehen die Augen Ihres Hundes aus?

Die Nase des Hundes ist sein Kompass

Sie ermöglicht es dem Hund dank der Riechzellen, tausend Mal besser riechen zu können als der Mensch, Verschüttete unter Lawinen aufzuspüren, Drogen zu erschnüffeln, Krebs und Diabetes zu erkennen, bevor noch ein einziges Instrument ausschlägt; schwarz, braun, rosa und glänzend ist die Nase ein wahres Wunderwerk der Natur.

Dieser elegante kleine Körperteil mitten im Hundegesicht ermöglicht, dass Ihr Geruch unter Abermillionen anderer Gerüche für Ihren Hund zuverlässig erkennbar ist und macht Sie somit einzigartig.

Mit seinen Zähnen wird er Sie beschützen

Schauen Sie sich die Zähne aufmerksam an. Es sind die Zähne eines Raubtieres, die Ihre Hand mühelos wie eine Feder zerquetschen können. Es sind die Zähne eines Jägers, der ein Tier reißen und mit der Präzision seiner wölfischen Vorfahren mit einem einzigen Genickbiss töten kann. Es sind die Zähne, die man manchmal sieht, wenn er sie zur Kommunikation benutzt, um dem Menschen zu sagen: „Jetzt ist es aber genug!", weil dieser wieder alle vorangegangenen Signale ignoriert oder übersehen hat.

Es sind die Zähne, die er benutzen wird, um Sie in jeder Situation mit dem einzigen, was er besitzt zu verteidigen: mit seinem Leben.

Die Zunge ist zum Küssen da

Dieser lange rosarote Lappen, mit dem er einem so überschwänglich zärtlich übers Gesicht schlecken kann, ist Heimatplanet der Geschmacksknospen. Die wiederum darüber entscheiden, dass Buttersemmel und Stinkeknochen eigentlich viel besser schmecken als Hundefutter aus der Dose. Die Zunge braucht der Hund nicht nur zum Fressen und Trinken, mit ihr kann er hecheln und somit seine Körpertemperatur regulieren.

Wer Ohren hat, der höre!

Ob spitz und stehend, drehbar wie ein Radar oder schlapp und hängend: Mit ihnen hört der Hund tausend Mal besser, nimmt sogar Frequenzen wahr, die wir niemals hören können. Innen ist die Ohrmuschel weich und rosig, dort befinden sich Punkte, deren sanfte Berührung den Hund entspannen. Ohrmuscheln riechen von Natur aus sauber und gut! Tun sie es nicht, ist das Ohr krank.

Der Hals ist empfindlich, verwundbar und die verletzbarste Stelle

In ihm liegen Luftröhre, Speiseröhre und Kehlkopf sowie die Halsschlagadern, die Sauerstoff mit dem Blut ins Gehirn bringen.

Dort wird das Halsband befestigt, dort verkrampft sich alles beim Leinenruck, dort ist der Hund sehr verletzlich und verspannt seine Muskeln, um schmerzhaftes Ziehen an der Leine abzuwehren. Fühlen Sie, wie das Blut in den Halsschlagadern pulsiert?

Gehen Sie stets achtsam mit dieser Region um. Ein Halsband ist ein Zeichen der Verbindung oder der Unterwerfung.

Das Herz ist das Zentrum der Macht

Man kann den Herzschlag mit der Hand spüren und mit dem Ohr hören: Buhh tupp, buhh tupp. Es ist ein reines Herz, das nur für Sie schlägt, nur Sie liebt, mit jeder Faser, mit jedem neuen Schlag.

Lassen Sie die Hand auf dem Brustkorb ruhen und fühlen Sie, wie sich der Brustkorb mit jedem neuen Atemzug hebt und senkt, so wie das Leben, ein und aus, Ebbe und Flut. Legen Sie Ihr Ohr an die Stelle, wo Sie das Herz gefühlt haben, hören Sie den Herzschlag Ihres Freundes, regelmäßig und gleichmäßig, wunderbares, unschuldiges Hundeherz.

Bauch und Rücken des Hundes erzählen uns über Anspannung oder Entspannung

Eine angespannte Bauchdecke bedeutet Stress, eine weiche Entspannung.

Der Rücken trägt die Last der Seele.

Die Wirbelsäule, in der sich die Bandscheiben befinden, wird durch Zerren am Halsband verletzt. Mittlerweile sollte es jedem klar sein, dass man einem Hund Dinge, die er lernen soll, auch mittels Brustgeschirr und ohne Rucken und Zerren am Halsband beibringen kann!

Freude, Angst oder Langweile?

Der Schwanz des Hundes zeigt die Zeichen seiner Freude, wenn er seinen Menschenfreund sieht. Er klemmt ihn ein, wenn er Angst hat, oder lässt ihn hängen, wenn er sich langweilt. Der Schwanz ist sehr wichtig für Gleichgewicht und Balance.

Die Schenkelinnenseite des Hundes als Zeichen seines Vertrauens in den Menschen

Tasten Sie mit der Fingerspitze die Schenkelinnenseite entlang, bis Sie den Herzschlag Ihres Hundes im großen Gefäß in der Schenkelinnenseite spüren. Lassen Sie nun die Fingerspitze vorsichtig und ohne Druck ein paar Augenblicke darauf ruhen. Das ist der Puls des Lebens. Spüren Sie die Verbindung, die Sie hergestellt haben? Dieses Wesen, das da vor Ihnen liegt oder sitzt, ist etwas unendlich Wertvolles, ein einzigartiges Geschenk an Sie.

Achten Sie dieses Geschenk jeden Tag aufs Neue ganz bewusst.

Es ist nicht selbstverständlich.

_____ Tipps vom Karma:

Bedanken Sie sich bei Ihrem Hund mit einem Kuss

für seine Liebe und sein Vertrauen ❤

Der Stier Hund

21. April bis 21. Mai
STIER (TAURUS)
Festes Zeichen, Erde
Herrscher: URANUS
Kennworte: Besitztümer, Entschlossenheit
Praxisbezogenheit

Stier ist das Zeichen der Entschlossenheit und der Kraft. Der Stier Hund hat großes Geschick, praktische Dinge zu meistern. Er liebt die guten Dinge dieses Hundelebens und erstrebt häufig den Erwerb von nützlichen Dingen.

Der in diesem Zeichen geborene Hund schätzt Bequemlichkeit, Zufriedenheit und Vergnügen. Alles was diese Bedürfnisse zu stillen vermag, ist von größter Wichtigkeit für den Stier Hund und er wird viel Energie darauf verwenden, es sich zu verschaffen. Hat er sein Ziel erreicht, kann ihn nichts mehr dazu bewegen, seine Interessen anderswo einzusetzen.

Die größte Rolle im Leben des Stier Hundes spielt die emotionale Sicherheit sowie die Gewissheit des täglich gut gefüllten Fressnapfes. Er bleibt am Boden der Tatsachen.

Stier Hunde sind meist gemütliche Hunde. Wenn schon Sport, dann in Geselligkeit, wenn Spiel, dann in vertrauter Umgebung und mit akkuraten Mitspielern.

Die Gefühle und Zuneigung seiner Familie betrachtet der Stierhund als sein Eigentum. Er kann oft unglaublich eifersüchtig sein. Diese besitzergreifende Haltung entspringt seinem Bedürfnis nach Sicherheit.

Stier Hunde flirten gerne, sind aber treu wie Gold. Sie geben sich gerne robust und überlegen, sind aber im Grunde ihres Herzens sehr verletzlich und möchten nach allen Regeln der Kunst erobert werden. Stier Hunde haben ihre eigene Art, die Dinge anzupacken, und wenn Sie reibungslos mit Ihrem Hund auskommen wollen, tun Sie gut daran, sich nicht in seine Angelegenheiten einzumischen oder zu versuchen, ihn umzustimmen.

Kennzeichen für den Stier Hund ist das Motto:

„Ich habe".

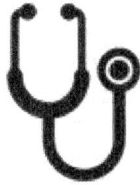

Rambo ist überall

Vor sieben Jahren dachte ich ein paar bange Wochen lang tatsächlich, mein Leben wäre durch den neuen Hund völlig verpfuscht, verkorkst, zu Ende.

Heute würde ich es anders formulieren. Man überreichte mir den Grund für das Ende einer unglücklichen beruflichen Existenz. Hochsensible Menschen sind nicht für den tierärztlichen Beruf geeignet. Nur wollen sie das oft nicht wahrhaben, so wie ich es auch nicht wahrhaben wollte. Deshalb wurde mir vom Karma dieser Hund geschickt, der mich genau da abholte wo ich wie festgetackert an der Stelle klebte und eigentlich gar nicht hingehörte.

Er ist der Grund, weshalb ich das Buch „Tipps vom Hundedoktor" schrieb, dem noch viele weitere folgen sollten. Das wusste ich damals allerdings nicht. Er ist auch der Grund, weshalb ich endlich meine Tierarztpraxis an den Nagel hängte und seither genau das tue, was ich am liebsten tue: Schreiben. Denn ignoriert man die Signale, die einem Köper und Geist unaufhaltsam senden, wird sich die Geschichte immer wiederholen, solange, bis man endlich daraus lernt.

Er ist kein Rassehund und genau das Gegenteil von flauschig weißem Wollknäuel. Sein Schlittenhundgesicht mit den Zebrastreifen, sein Waschbär im Nacken (und nicht nur dort), sein Schaffell unten am Bauch und sein geruchsneutrales graues Samojedenfell machen ihn zum Unikat. Zu meinem Unikat. Er ist mein Held. Ich liebe ihn heiß. Trotz aller schlaflosen Nächte, aller Eskapaden, aller Futterexzesse, allen Widrigkeiten zum Trotz und unter allen Umständen.

Er ist eben Lucifer, der Höllenfürst, meiner. So wie ich immer seine Person sein werde.

Kurz nach seiner Ankunft kaufte ich an einer Autobahnraststätte einen Wackelhusky, dieser fuhr seither auf allen unseren täglichen Ausfahrten zu abgelegenen Äckern rund um Wien, zu auf unseren Wegen (und auch Umwegen) angesiedelten Mc Donalds Filialen (für meine tägliche Droge, Cappuccinos um ein Euro, die mittlerweile eins dreißig kosten) und sonstigen Reisen mit. Er wackelte mit dem Kopf, in Kurven antwortete er gerne mit „Nein" auf alle gestellten Fragen. Er sah uns die Chicken McNuggets- Tanten verbellen, Autoscheiben, die durch Dagegenspringen fast zu Bruch gehen (diese Art von Springen was das Zeug hält, wenn Hunde auf der Straße gesichtet wurden) ((Merke: Alle Hunde sind Feinde)); er sah die Wolfskrallen gegen das Lenkrad kratzen und roch auch schon mal streng nach feuchten Hundehandtüchern.

Er sah Schnee, Regen, Hagel und Sturm und mich Eis kratzen und fluchend aus dem Autofenster schreien. Er sah mich Hunde vor dem Überfahren retten, die Leine suchen und Wasserschüsseln umkippen. Er bleichte etwas aus bei sechs Hitzewellen um die vierzig Grad. Er sah uns Kaffee trinken und Chicken McNuggets für den Hund aus ihrer Panier heraus kletzeln, lachen und streiten, auch mal weinen und schreien. Er erlebte den Gehörsturz, den man bekommt, wenn einem dreißig Kilo direkt ins linke Ohr plärren („Hast-du- auch- die- stinkenden- Hunde- gesehen- da drüben- am- Straßenrand!?) mit.

Er wurde von meiner Lieblingshundenase beschnüffelt und fiel auch gelegentlich zwischen die Autositze. Er wurde von Kaffee überschüttet (Cappuccino um 1 Euro! Fahren Sie vor zum nächsten Schalter, bitte!), er sah Leberpasteten- Tuben neben sich liegen und Papiertücher zum Abwischen der angesabberten Fensterscheiben. Er sah uns täglich das riesige Plastikpony am Dach des Pferdeshops verbellen. Er sah uns schwitzen und frieren, hecheln und telefonieren. Er sah drei Regenbögen, davon einen doppelten.

Er sah mich mit Radfahrern diskutieren, in den Tiefschnee fallen, über Bundesstraßen laufen, mit Jägern streiten, sah mich Autoschlüssel verlieren und wiederfinden, sah mich Tanken und über Benzinpreise schimpfen, sah mich mein Auto verdammen, weil es kein Land Rover war und nie mehr sein würde, sah mich vor Freude springen und jubeln, als es doch ein Land Rover wurde, sah mich mit Freunden streiten, mit Verwandten auch, sah mich Arbeiter von irgendwelchen Treffpunkten abholen und Klosettmuscheln am Beifahrersitz von Baumärkten nach Hause und wieder zurück führen.

Er sah mich Matratzen auf die Rücksitzbank stopfen, viel zu große Ikeamöbel direkt vor seiner Nase ins Auto quetschen, sah mich Maroni essen und auch Pommes Frites sowie Schokolade-Nikolos, Bananen und Gummibären sowieso. Er sah mich die heiligen drei Könige am Straßenrand fotografieren und hustend Hundehaare inhalieren. Er sah mich alle möglichen und unmöglichen Dinge im Auto transportieren und irgendwo ausladen, hatte Mauerstaub von umgehackten Zimmerwänden im Hals und ein paar Holzspäne vom Heizmaterial.

Er hatte es nicht leicht in unserem Auto.

Dann kam der Tag, an dem ich dachte, gut, spenden wir doch den Wackelhusky an einen Verein zur Versteigerung. „Geht nicht", sagte die Dame des Hauses, „jetzt ist er schon so lange bei uns, da gehört er zum Team. Musst einen anderen kaufen." Na gut. Ich fuhr zur Autobahnraststätte. Große Huskys waren leider ausverkauft. Es gab Labradors, Pitbulls und Dalmatiner. Auch Dackel waren dabei. Und nur zwei kleine Huskys! Schnell den kleinen Husky gekauft und wieder nach Hause gefahren. Unterwegs den kleinen Husky ausgepackt und neben den großen gesetzt. So süß! Dreht sich doch während der Fahrt der große Husky und legt den Wackelkopf während der ganzen Fahrt über den kleinen neuen Husky. Zuhause angekommen, sagte ich „Schau, jetzt habe ich einen neuen Husky gekauft, für die Versteigerung!".

„Geht nicht!", erwiderte die Dame des Hauses, „Schau doch, wie der den Kopf über den Kleinen hält, die kannst du doch jetzt nicht trennen!". Ich fuhr los und kaufte einen weiteren kleinen Husky, einen, den ich vorsorglich nicht auspackte, der würde bald auf die Reise gehen.

Dachte ich. Von Wien nach weiter weg. Zu einem Adoptanten von besagtem Verein, der Schlittenhunde wie meinen rettet. Zu diesem Mann, der ihn mit einer sehr großzügigen Spende für den Tierschutz ersteigerte und ich hoffte, der neue Besitzer würde ihn besser behandeln als ich.

Dann jedoch kam es wie es kommen musste: auch der dritte Husky blieb bei uns und fährt seither im Auto mit. Denn der Mann, der ihn ersteigerte, brachte es auch nicht übers Herz, das Rudel zu trennen. So fahren der echte Husky und die drei Wackelhuskys weiterhin gemeinsam durch Wien. Hoffentlich noch lange. Denn die Dinger sind nicht mehr erhältlich.

Tipps vom Karma:

Unsere Selbstlosigkeit zu demonstrieren zeigt unser wahres Inneres. Der Moment ist alles, was wir haben.

Say nighty night, I love you

Manchmal sehe ich meinem gefallenen
Engel verliebt beim Schlafen zu und dann fällt mir
alles wieder ein. Weißt du noch?, sage ich dann
leise in eines seiner spitzen Ohren und er hebt
seine müden Augendeckel, die aber gleich wieder
zufallen. Ich störe ihn beim Ausruhen, aber so viel
Zeit muss sein, für eine Gute Nacht Geschichte.

Und dann erzähle ich ihm schnell die Geschichte,
wie ich ihn gerettet habe obwohl es doch eigentlich
die Geschichte ist, wie er mich gerettet hat. Diese
Geschichte darf hier auf gar keinen Fall fehlen,
denn vielleicht haben Sie auch so ein Exemplar
und dann können Sie Ihrem diese Geschichte
vorlesen, einfach nur so. Hunde lieben es, wenn
man ihnen Geschichten erzählt. Ein sehr schönes
Projekt lief einmal in einem Tierheim, wo
Taferlklassler vor den Käfigen der Tierheiminsassen
saßen und ihnen aus ihren Kinderbüchern vorlasen.
Die Kinder profitierten davon, weil sie besser lesen

lernten, die Hunde profitierten ebenso, weil sie Aufmerksamkeit von kleinen Menschen bekamen. Warum also nicht Geschichten vorlesen und singend durchs Leben ziehen?

Dies ist die Geschichte von meinem Schlittenhund, die so eine Art von Gute-Nacht-Geschichte ist, die man seinen Kindern immer wieder erzählt, weil sie sie so gerne hören wollen. Oder seinem Hund. Eine gute Geschichte. Eine wahre Geschichte. Eine, die man gar nicht oft genug hören kann. Unsere Geschichte.

Es war eine eiskalte sternenklare Nacht und ich erinnere mich daran als wäre es gestern gewesen. Du erinnerst dich sicher auch noch, mein Schatz. Eine Stunde saß ich schon in dieser verqualmten Tankstelle am Rand einer kleinen lauten Stadt, drinnen war es viel zu warm und ich erfuhr nebenbei die Lebensgeschichte der Tankstellenbetreiberin, die die Tankstelle unfreiwillig von ihrem Sohn übernehmen musste und sich aus diesem Grund genötigt sah, mir eine Buttersemmel zu richten, die ich vor lauter Aufregung gar nicht essen konnte. Ich saß deshalb schon so lange vor der vereinbarten Zeit dort herum, weil die Straßen spiegelglatt waren und ich Angst hatte, ich könnte zu spät kommen, um dich abzuholen. Ich wollte dich doch auf gar keinen Fall warten lassen! Der Automatenkaffee war heiß und viel zu süß, wie Automatenkaffees halt so sind.

Ich wartete auf dich und starrte durch die finstere Nacht, stand auf, setzte mich wieder, ging herum und schaute auf den salzbestreuten Zufahrtsweg, wo endlich der rote Bus ankommen sollte, der mit dir. Die Mutter des Tankstellenbesitzers ging in der Zwischenzeit dreimal Streusalz nachstreuen, es begann ganz sanft zu schneien und bunte schmutzige Autos schlitterten mit quietschenden Reifen den steilen langen schmalen Weg zur Tankstelle hinunter, während ich drinnen immer noch ungeduldig auf dich wartete.

Zu dieser Zeit war ich genau sechs Wochen ohne Hund. Sechs schreckliche, einsame, eiskalte, sinnlose, schneefreie Wochen inklusive eines noch schrecklicheren Weihnachtsfestes. So schrecklich, dass ich es vorzog, lieber freiwillig von der Christnacht bis kurz vor Silvester Notdienst zu machen anstatt alleine (denn ohne Hund ist man immer irgendwie alleine) in einem leeren kalten Haus ins Nichts zu starren, an meinen toten Hund zu denken und zu weinen.

Nachhause kommen war schrecklich. Niemand da. Fortgehen war auch schrecklich, denn alle fragten mich nach dem schönen roten kranken Hund. Schlafen war genauso schrecklich. Ich hörte den toten Hund atmen. Aber dann kam diese E-Mail mit deinem Foto, Und ich sagte: Ja! Das ist mein neuer Hund!

Nicht, dass ich den alten Hund so schnell vergessen hätte. Das nicht. Mein Kleiner, jetzt kommt der Teil der Geschichte, wo ich immer traurig werde. Denn natürlich sind alle Hunde, die vor dir da waren, für immer in meinem Herzen. Du weißt, da gibt es dieses schöne Märchen, in dem die toten Hunde in den Herzen ihrer Menschen schlafen. Und immer, wenn man an sie denkt, wachen sie auf und wedeln ganz leise mit dem Schwanz. Sie sind bei uns, auch wenn wir sie nicht mehr sehen können. Du weißt doch, ich glaube fest an Elfen! Aber das ist eine andere Geschichte, unsere beginnt nämlich erst. Warte noch ganz kurz!

Während ich also dort in der Tankstelle unruhig umhertigerte machte ich mir große Sorgen. Was, wenn der Bus einen Unfall hätte, mit so vielen Hunden an Bord? So bin ich, du weißt es ja. Immer in Sorge um dich. Auch heute noch.

Sag, weißt du eigentlich, wie lieb ich dich habe?

Als dann endlich dieser rote Bus ankam und ich hinauslief um dich in Empfang zu nehmen rutschte ich fast aus. Die Türen gingen auf und ich umarmte zuerst den dicken Fahrer mit den lockigen Haaren, der darüber sehr erstaunt war und dann umarmte ich auch den Beifahrer und überreichte ihnen mitgebrachten bereits eiskalten Kaffee und halbgefrorenen Kuchen (essbaren, nicht selbstgebackenen) und anschließend umarmte ich beide nochmal. Ich kann so sentimental sein, du weißt das ja. Im Bus bellten und jaulten viele Hunde. Sehr viele Hunde. Sehr arme Hunde. Auch du. Bloß, dass du sicher nicht mitgebellt hast, aber das wusste ich damals noch nicht. Wenn du dich sehr fürchtest, bist du immer ganz still und machst leise Fififififi mit dieser ganz hohen Stimme, fast wie ein verletzter kleiner Vogel. Gebellt haben im Bus nur die anderen. Du aber hast dich gefürchtet und leise Fififififififiiiiiiiiiii gemacht. Vielleicht hast du gedacht, wohin geht die Reise denn diesmal, schon wieder eine Fahrt ins Ungewisse. Bis jetzt wurde es nie besser, wenn man dich irgendwohin transportiert hat, ausgesetzt, angebunden, eingesperrt, geschlagen. Was Schönes war nie dabei für dich. Trotzdem hast du nie den Mut verloren und glaubst immer noch an das Gute in den Menschen.

Dann ging die Autotür endlich auf und ich sah dich zum ersten Mal. Ganz unten rechts in der Ecke im Bus, ober und neben dir sehr viele Boxen mit sehr armen Hunden, die alle noch eine weite Reise vor sich hatten. Sie waren auf dem Weg nach Hause, genau wie du, aber auch das ist eine andere Geschichte.

Unsere beginnt genau dort an dieser einsamen Tankstelle mit Schlittenhundwetter erster Klasse. Es fing gerade so richtig dick zu schneien an als der Mann, der dich aus dieser viel zu engen Box herausholte, auf die die oberen Hunde während der letzten acht Stunden auf dich heruntergepinkelt hatten, dir das Geschirr, das ich mitgebracht hatte (es passte wie angegossen!) anzog und dich dann auf den Boden herunterhob. Er hatte eine blutende Hand und aus dem Auto stank es so bestialisch, dass ich instinktiv einen Schritt zurückwich. Beim Einladen wurde er gebissen, nicht von dir, sagte er, aber es machte ihm nichts aus. Es war ein guter Mann, einer, der dich und die anderen Hunde vom Tierheim in Ungarn abholte, einer, der deine einzige Hundefreundin damals wegbrachte, einer, der dir einmal versprach, er würde dich auch eines Tages mitnehmen in ein neues Leben, heraus aus dem dreckigen Zwinger, weg von dreihundert bellenden heulenden Hunden, fernab von Beißereien , Schmerzen, Stress, Futterkampf und Kälte, einer, der sein Versprechen gehalten hat. Nicht dass dir die Kälte je etwas ausgemacht hätte, ich weiß. Du bist ja ein Schlittenhund. Anders hättest du wohl gar nicht vier Jahre im Freien der ungarischen Puszta überleben können.

Dieser Mann also drückte mir das Ende einer Leine in die Hand und am anderen Ende warst du. Namenlos. Ich wusste, du hattest lange, lange Zeit in dieser engen Box verbracht, einen ganzen Tag, und ich hatte ein furchtbar schlechtes Gewissen, dass ich dich nicht persönlich abgeholt habe, sondern dir diese grauenhafte Strapaze zugemutet habe. Aber ich schwöre, ich wusste nicht, dass Hunde aus Tierheimen so transportiert werden, denn sonst wäre ich ganz sicher selber gekommen.

Bitte verzeih. So sind wir Menschen, gelegentlich etwas gedankenlos, unüberlegt und unorganisiert. Vor allem ich.

Als erstes liefen wir ganz schnell gemeinsam über die versalzene Straße zu einer kleinen Stelle mit fast zugeschneitem Gras und dort konntest du endlich deine Blase ausleeren. Dann hast du mir in die Augen geschaut mit deinem bernsteinfarbenen Wolfsblick, hast erkannt, dass ich einer von den Guten bin und stiegst ohne murren, ganz ohne zu zögern in mein kleines Auto ein, weißt du noch? Ich setzte mich ganz nah neben dich, erinnerst du dich?

Nein, ich hatte keine Angst, vielleicht von dir gebissen zu werden. Ich saß lange neben dir, schaute dich gründlich an (denn ich kannte dich ja überhaupt nicht!) und streichelte dich, sagte leise in eines deiner bemerkenswert spitzen Spock-Ohren, wie ich mich freute, dass du endlich da bist und dass du jetzt keine Angst mehr haben müsstest. Ich glaube mich daran zu erinnern, dass es dein rechtes Ohr war, was aber eigentlich völlig nebensächlich ist, wichtig ist nur, du warst da, und dann lecktest du mir übers Gesicht. Ich zählte deine Zebrastreifen am Hals und war entzückt (und gleichzeitig auch ein kleines bisschen geschockt).

Du warst ganz still und artig; ich hielt dich während der ganzen Fahrt nach Hause vorsichtig an mich gedrückt und überging höflich den furchtbaren Gestank nach Hundezwinger, toten Mäusen, Mülldeponie, Hundepipi und käsigen ungewaschenen Füßen der von dir ausging, denn du konntest ja nichts dafür.

Niemand hat sich vier Jahre lang um dich gekümmert. Das würde sich ab jetzt ändern. Ich sagte dir, dass alles gut wird, und du gabst mir so einen reizenden kleinen feuchten Kuss auf die Wange, wie du es nur ganz selten tust, wenn du jemand wirklich gerne magst, aber auch das wusste ich damals noch nicht. Du warst hier bei mir, weniger als eine Armlänge entfernt. Keine Zeit mehr für Einsamkeit und Angst, sagte ich zu dir, keine Zeit für Traurigkeit und Hunger. Niemand kann dir mehr was tun, mein Prinz, mein Herz, sonst bekommt er es mit mir zu tun! Und du weißt ja, ich kann ganz schön ungemütlich werden, wenn es darum geht Haus und Hof, Heim, Herd und Familie zu beschützen und vor Feinden oder

Naturkatastrophen zu bewahren. Genau wie du, aber auch das wusste ich damals noch nicht. Es könnte sein, dass ich dabei die eine oder andere Träne verdrückt habe, aber so was vergisst man gerne. Ich versprach dir in dieser Nacht, immer gut für dich zu sorgen, für dich da zu sein, dich zu beschützen und alles zu tun, um dein verlorenes Leben wunderbar zu machen.

Wir stiegen aus dem Auto und gingen ins Haus, du trautest dich nicht über die Türschwelle, weißt du noch? Ich musste dich überreden, weil du solche Angst davor hattest. Niemals durftest du in ein Haus hineingehen. Ich konnte dich überzeugen, dass es drinnen viel schöner und wärmer ist, auch für Land-Rover-Helden wie dich. Dann machte ich die Türe hinter uns zu und wir waren zuhause.

Unsere Geschichte begann und sie dauert jetzt fast sieben gemeinsame Jahre. Es wurde eine gute Geschichte, eine Fünfstern-Geschichte, eine, die man niemals missen möchte, trotz aller anfänglicher nun ja, sagen wir mal Stolpersteine. Du weißt schon, ich versprach dir den Himmel und dann bist du plötzlich auf einem Buchcover gelandet. Aber sag, wie viele Hunde können das schon von sich behaupten, so auf die Schnelle? Schuld daran war nicht nur dein schönes Topmodelgesicht, du weißt ja, ich sage dir täglich, wie sehr ich deine Schönheit bewundere. Diese langen Wimpern, die eleganten, beidseitig perfekt verteilten Zebrastreifen, diese wunderbar spitzen Ohren und nicht zuletzt der aparte kleine Hügel auf deiner Nase, wo du dieses böse Aua hattest, damals, als dich irgendwann irgendwo ein Auto anfuhr und dir keiner geholfen hat. Ich auch nicht, denn damals wusste ich noch gar nicht, dass es dich überhaupt gibt. Sonst hätte ich dir ganz bestimmt geholfen. Ich hätte dir Schmerzmittel gegeben und deine gebrochene Nase wieder gesund gemacht. Deshalb küsse ich dich täglich gerne auf genau diese kleine erhabene Stelle in deinem Gesicht, damit du weißt, so etwas wird nie wieder geschehen. Ich bin jetzt da, ich passe auf dich auf, für immer.

Aber ich schweife schon wieder ab.

Weißt du noch, damals, kurz nachdem du eingezogen bist schrieb ich über dich: So kam er bei mir an, in einer eiskalten Jännernacht. An einer Tankstelle überreichte man mir einen Bodyguard, einen Namenlosen, einen Gourmet. Dieser Hund hat mich dazu animiert, mein Leben gründlich zu überdenken und vor allem gründlich zu ändern, denn ich bekam einen hochsensiblen Zwingerhund aus dem Auslandstierschutz.

Erinnerst du dich noch, wie wir am Ende waren, damals? Du, so arm und krank und so verzweifelt, jedes Geräusch, jede Bewegung hat dich erschreckt. Ich, weil ich nicht wusste, was ich dagegen tun konnte und wie ich dir helfen sollte. Hochsensibilität bei Hunden, darauf kam ich nur durch dich. Überall sahst du Feinde und doch hast du mir vertraut. Ich gab dir einen Namen. Kleiner Wolf sagte ich, mein guter Junge, mein Bär, mein kleiner Lieblingstaschenwolf und du hast mich mit deiner Wolfsnase vorsichtig angestupst, alles fein, der Name ist toll! So war es, weißt du noch?

Damals schon sagte ich zu dir: Jetzt wird alles gut, mein Hase! Muss denn eine Beziehung immer gleich märchenhaft sein? Glücklich sein reicht doch für den Anfang. Und so war es auch. Alles wurde gut. Sieben Jahre später haben wir es geschafft. Jeder Tag ist unser Lieblingstag. Sonnenaufgänge, nur wegen dir. Einsame Felder draußen vor der Stadt, nur für dich. Du kannst Stufen steigen (na gut, nur wenn das Licht brennt), du bist nicht mehr so zickig, wenn es ums Essen geht, du fährst entspannt Auto und schreist auch die McDonalds Tanten nicht mehr so flegelhaft am Drive-In Schalter durchs Autofenster nieder, schläfst im Sommer immer noch so gerne nachts im Garten und bei Regen gehst du nicht hinaus. Staubsauger und Rasenmäher sind dir egal geworden. Andere Hunde sind noch immer ein Thema, aber das ist irgendwie nebensächlich geworden; wir haben unseren fixen Tagesablauf, wir sind entspannt, wir weichen Hundebegegnungen gekonnt aus und ich weiß all deine reizenden kleinen Macken zu schätzen, denn ich liebe dich und du liebst mich. Wenn du schläfst,

schreckst du nicht mehr so wie früher bei jedem
kleinsten Geräusch hoch, auch nicht, wenn ich mal
heftig mit den Zehen wackle, denn ich bewache
deinen Schlaf. Deine Mäusesprünge im hohen Gras
sind präzise wie eh und je, dein Alter sieht man dir
kaum an. Letztens sah ich so was wie den Anflug
eines spitzbübischen Grinsens in deinem Gesicht,
aber es kann leicht sein, dass ich mich irrte. Denn
ich will dich so gerne glücklich sehen.

Wenn wir im Herbst über die Felder streifen,
Strohballen zählen, Mäuse ausbuddeln oder Hasen
beobachten, wenn wir Hagebutten ernten oder
Margeriten zertrampeln, dann warten wir schon auf
unsere Jahreszeit, den Winter. Der Schnee ist
unser Element, Sommer mögen wir beide nicht, die
Hitze versengt mir das Gehirn und dich lässt sie im
Garten in kühlen Erdgruben dösen bis die Nacht
kommt.

Vier Jahreszeiten sind sieben Mal vorbeigezogen
mit dir und so soll es noch sehr lange bleiben. Du
wirst bestimmt steinalt, weil ich dafür sorge so gut

ich kann, ganz klar, dass du gesund und munter bleibst. Ich sehe dich schon greisenhaft und mit ergrauten Streifen Eichkätzchen jagen, Krähen erschrecken, Kuchen verkosten, die Müllabfuhr verbellen und heiser den Mond anheulen. Gelegentlich treibst du mich in den Wahnsinn. Aber egal was du tust, immer trage ich deine Liebe wie einen Mantel der mich wärmt.

Stay strong! You're my friend, you're my family, you're all I've got.

Und jetzt Augen zu und gute Nacht, mein Liebling. Schlaf schön.

Dein Bela

Tipps vom Karma:

Wir wachsen durch die eigene Veränderung. Was wir akzeptieren, wird uns nicht mehr verfolgen.

Das Schweigen der Lämmer

Es sind Kleinigkeiten, die froh machen. Heute ging ich mit meinem adoptierten Hund spazieren. Er hat einen fremden Hund auf der anderen Straßenseite nicht angebellt. Was weder außergewöhnlich noch besonders erwähnenswert scheint. Für andere Hundebesitzer. Nicht für mich!

Ich habe einen Höllenhund, einen, der starke Nerven, belastbare Bandscheiben und eine biegsame Wirbelsäule erfordert. Einen, der fast totgebissen, total gestresst, ohne Namen und ohne jeden Funken Hoffnung zu mir kam. Dem fast alle Knochen gebrochen wurden, der gezuckt hat, wenn man die Hand hob, auch wenn es nicht ihm galt. Der sich nicht ins Haus hinein traute, keine Stiegen kannte und alles und jeden auffressen wollte. Der aufsprang, wenn ein Staubkorn zu Boden fiel.

Alles, was sich bewegte, machte ihn panisch.

Er übergab sich jeden Tag, wenn wir irgendwo in der freien Natur standen. Spaziergänge waren der reinste Horror, Besuche bei uns wurden selektiert und sehr selten. Freilaufende fremde Hunde wurden zum nicht mehr überschaubaren Problem, das mein Hund, immer an der Leine, ausbaden musste. („Meiner macht eh nix!", Sie wissen schon, die alte Leier.)

Irgendwann hat er zum ersten Mal das Badezimmer betreten. Ganz freiwillig, ich habe ihn nie dazu aufgefordert, was er nicht will, muss er auch nicht tun, so läuft das bei uns. Gekachelte Räume bereiten ihm Unbehagen. Er kam ganz von selbst und schaute sich alles gründlich an. Ohne Angst, ohne Zwang. Dann ging er wieder. Habe ich mich gefreut!

Und eines Tages hat er diesen anderen Hund auf der anderen Straßenseite gesehen und ist weder komplett ausgezuckt noch wie wild in die Leine gesprungen, er hat nicht geschrien, als würde er geschlagen, geviertelt und anschließend geschlachtet (und wer Huskys kennt, der weiß, die können sehr laut sein, wenn sie möchten), er ist da gestanden, hat aufmerksam und ruhig über die Straße geschaut und dann gingen wir weiter spazieren. Wie ganz normale Hunde das halt so tun. Was man aber niemals zu schätzen weiß, wenn man es nicht anders kennt.

Er zog bei mir ein, nachdem er vier furchtbare Jahre in einem furchtbaren Ostblockzwinger im Freien verbracht hat. Vier verlorene Jahre seines Lebens. Niemand wollte ihn haben. Es hat sieben Jahre gedauert, um aus einem wilden ängstlichen Wolf einen handzahmen Haushund zu machen. Mein Hund ist jetzt fast elf Jahre alt.

Und es hat weder Brachialmethoden noch Flüsterer gebraucht. Keine Fußtritte, keine Millan-Stupser, kein Würgehalsband. Gar kein Halsband, wir tragen Brustgeschirr. Es gab keine Laufbänder, kein Erschöpfen und kein absichtliches Herbeiführen stressiger Situationen. Kein Geklicker, keine einengenden Bodys, keine Tabletten, kein gar nichts. Im Gegenteil. Es hat nur Zeit, Geduld und Liebe gebraucht, um aus einem als bissig eingestuften Tier, das noch nie in seinem Leben versucht hat, mich oder andere zu beißen, einen normalen Hund zu machen. (Ok, für Katzen würde ich meine Hand nicht ins Feuer legen.)

Es war zeitintensiv und hat mich gelehrt, selbst ruhiger zu werden. Ich sehe in seinen bernsteinfarbenen Wolfsaugen diesen Blick, der mir sagt: *„Ich vertraue dir.“*.

Das war all die Mühe wert, die er mit mir hatte. Denn bis ich verstand, dass man Angst nicht einfach vergessen kann, nur weil sie plötzlich nicht mehr da ist, dass man Trauma und Schmerz nicht ablegen kann wie ein paar ungeliebte Schuhe, hat es etwas gedauert. Bei mir, nicht bei ihm.

Letztendlich habe ich es aber kapiert: Vertrauen braucht Zeit. Es braucht keine Befehle, die ohnehin nicht ausgeführt werden können, keinen Zwang, keine Machtspiele, keine Strafen und kein dominantes Alpha-Gegröle, um einen traumatisierten Hund ins Leben zurückzuführen. Freunde und Vertrautes machen glücklich, nicht der Traum vom großen Glück. Mein Hund hat an diesem Tag nicht gebellt, als er einen fremden anderen Hund sah.

Ein Meilenstein, ein Festtag gar! Her mit Sekt und Kuchen! Das wurde gefeiert.

Ich war mächtig stolz auf ihn!

Sag niemals nie!

Wer kennt sie nicht, die schönen Sätze „Meiner macht sowas nicht.", „Meiner frisst das nicht!" oder „Meiner tut nix."?

Hundebesitzer können diese Worte rückwärts lachen.

Der eigene Hund ist immer ein Ausnahmehund, immer ein besonders braver, würde garantiert niemals egal was.

Bis dann plötzlich   von einer Sekunde auf die andere, der Hund, der zuhause kein Steak anrührt, niemals Essen vom Teller stiehlt, Hundefutter angewidert ablehnt und bei Fisch und Bratwurst die Augen zum Himmel verdreht, seine Ochsenziemer nur an hohen Feiertagen beknabbert, also genau der, für dessen „Meiner frisst das sicher nicht!" ich die Hand ins Feuer gelegt hätte, doch etwas frisst, was er nicht hätte sollen.

Und das kam so.

Es regnete und wir waren draußen auf den Feldern vor den Toren der großen Stadt, weit weg von Autos und Fahrrädern und genossen den Regen. (Bei Regen ist es nämlich wie bei Schnee: all die Hunde, die bei 40 Grad im Schatten neben den Rädern herlaufen müssen oder stundenlang mitjoggen, sind bei Schlechtwetter plötzlich verschwunden. Oft frage ich mich, wieso das so ist, aber auch das ist eine andere Geschichte.)

Wir machten also einen Regenwalk und tanzten und sprangen wie Fred Astair und Ginger Rogers es nicht besser hinbekommen hätten, um anschließend pudelnass ins trockene Auto zu steigen. Ich nahm von unterwegs zwei Äste von einem hübschen Strauch am Wegrand aus Nirgendwo mit, er hatte so schöne rote Beeren (nein, keine Hagebutten!) und ich wollte den Herbst mit ins Haus nehmen.

Weil das Gebüsch so nass war legte ich die Äste auf der Hutablage des Autos ab, statt sie einfach in den Kofferraum zu werfen.

Direkt dort, wo auf der umgebauten Rücksitzbank der Hund mitfährt.

Der Hund, der nichts anrührt, der mäkeligste Fresser vor dem Herrn, der, den ich zu Sonntagsbraten überreden muss und den manchmal nicht einmal ein frischer Hamburger hinter dem Ofen hervorlockt. Er frisst einfach nicht gerne. Sein Ding sind andere Sachen, Köter anstänkern, Pferde anpöbeln, Autos und Fahrräder stellen und verbellen, fremde Menschen anknurren, aber Fressen gehört ganz sicher nicht dazu.

Deshalb, und weil es so regnete, legte ich die zwei abgebrochenen Äste mit den grünen Blättern und den roten Beeren völlig arglos ins Auto zum Hund und dachte keine Sekunde daran, dass mein Hund auch nur auf die leiseste Idee kommen könnte, sie anzurühren oder zu zerlegen, geschweige denn, sie mit Putz und Stingel aufzufressen.

Und genau das geschah.

Während ich in die heimatlichen Gassen einbog, war es verdächtig still hinter mir im Auto und als ich mich umdrehte, sah ich meinen Hund genüsslich gerade das letzte Blatt kauen und die allerletzte rote Beere verschlucken. Auch das Gehölz war verschwunden. In seinem Magen.

Mein Herz blieb fast stehen. Ich bin zwar Tierarzt, aber kein Botaniker, so wie ich auch kein Koch bin. Gärtnern und kochen sind anderer Leute Metier, ich schreibe Geschichten.

Während ich reflektorisch weiterfuhr spulten sich in meinem Hirn üble Szenen ab. Ich sah meinen Hund bereits in einem Zwinger der Intensivstation krampfend und mit blauen Schleimhäuten an einer Infusion hängend um sein Leben ringen, ich sah ihn schäumen und sein Herz stillstehen, sah ihn erbrechen und blutigen Kot absetzen während er innerlich verblutete und ich nichts, rein gar nichts, dagegen machen konnte.

Das ist der Fluch des Tierarztes, der holt dich immer wieder ein, du spulst alles, was dir an Verdachtsdiagnosen in den Sinn kommt, im Moment der Gefahr ab, ob du willst oder nicht. Niemand will das. Ich wäre in dem Moment lieber Friedhofsgärtner gewesen, dann hätte ich wenigstens gewusst, ob der verdammte Strauch giftig oder ungiftig ist.

Ich wusste es zu dem Zeitpunkt aber nicht und ich wusste auch nicht, was zu tun war, denn wenn es um die eigene Brut, um enge Angehörige geht, schaltet der Verstand komplett ab, meiner jedenfalls, und Panik bricht mir aus allen Poren.

Gut, wenn man da einen lieben Verwandten oder Freund bei der Hand hat, der einem eine schnalzt oder einen sonstwie aus der Situation herausholt, egal wie, und sei es durch einen Plan, egal welchen.

Das ist auch der Grund, warum Ärzte und Tierärzte niemals Verwandte, Freunde, Familie oder eigene Tiere behandeln können, wenn es wirklich ernst ist.

Bist du emotional in eine Sache verstickt, wird es nichts mit rationalem Verstand, der macht eine kleine Pause und du wirst hysterisch oder panisch, je nach Neigung.

Langer Rede kurzer Sinn: der Hund atmete und stand noch selbstständig, als wir ausstiegen. Meine menschliche Rettung neben mir nahm ein Gartenlexikon zur Hand, während ich den tierischen Puls fühlte, Schleimhäute kritisch betrachtete und die Schuhe anließ, für alle Fälle. Eine liebe Freundin war auf Facebook online (nie wieder werde ich über Facebook schimpfen, ich schwöre) und befrug eine andere Freundin, die alle Pflanzen intus hatte. Während ich mich schon in der geschlossen Anstalt einchecken sah fielen zeitgleich online und in Echtwelt die erlösenden Worte: Nicht giftig.

Mein sonst eigentlich sehr intelligenter Hund fraß einen halben Meter langen Weißdornast mit Blättern und Beeren in drei Minuten. Weißdorn also, schmeckt angeblich wie Apfel, stärkt das Herz, man könnte auch Marmelade draus machen. (Wenn man Marmelade machen könnte.)

Halleluja. Nicht giftig!

Ich wollte Ihnen diese Geschichte nicht vorenthalten, es könnte auch die Ihres Hundes sein, denn der Teufel schläft bekanntlich nie.

Sagen Sie deshalb nie „Meiner macht dies oder das nicht.", niemals! Einmal ist immer das erste Mal und ich wünsche Ihnen keinesfalls diese Ungewissheit, ob sich der Hund wirklich vergiftet hat oder einfach nur ein schmackhaftes Gericht zu sich nahm, weil ihm gerade langweilig oder einfach nur so danach war- obwohl er das sonst nie gemacht hat.

Zimmer mit Aussicht

Auf seinem Bewerbungsfoto aus dem Tierheim stand er auf einer zusammengeflickten, angeknabberten Holzhundehütte, einem Verschlag für Winter und Sommer mit geradem Dach, inmitten von Sägespänen. Wie wir alle wissen sind Bewerbungsunterlagen ja von eher bescheidener Aussagekraft, sollen sie doch das Gefühl vermitteln, genau der zu sein, nach dem man bereits monatelang vergeblich gesucht hat. Dort, umgeben von rostigen Metallstäben einer Außenzwingerbaracke unter einem Nussbaum, verbrachte mein ehemaliger Straßenhund vier Jahre seines Hundelebens, weggesperrt von der Welt.

Als er von einem Verein da herausgeholt wurde, mit Bisswunden unter dem Auge und über den ganzen Körper verteilten Narben, hatte er fast die Hälfte seines Lebens in Elend und Gefangenschaft verbracht und Misshandlungen, Unfälle und eine sinnlose Kastration über sich ergehen lassen müssen.

Er landete bei mir mit einer gebrochenen, schief zusammengewachsen Nase, ebenfalls gebrochenen und schlecht verheilten Hüftknochen, einem kaputten Oberschenkel, gebrochenen Schwanzwirbeln und dergleichen mehr. Und da rede ich noch nicht von den seelischen Verletzungen.

Als er in Wien ankam herrschte tiefster strenger Winter, einer von der Sorte, die nur alle zehn Jahre stattfinden. Ein sibirischer Winter mit Dauerfrost und viel Schnee, der viele hundert Kollegen in ungarischen und serbischen Tierheimen sterben ließ, weil sie draußen einfach eingesperrt und unterernährt erfroren. Immer draußen leben zu müssen ist für alle, die nicht mit der nordischen Rasse verwandt sind, nicht einfach. Kein Fell, kein Schutz, weder vor Sonne noch vor Kälte. Meiner aber hat diese Jahre überlebt und ich dachte, er wird sich über einen warmen Platz vor dem offenen Kamin freuen um die morschen kalten Knochen aufzutauen und sich zu regenerieren, nach all den üblen Strapazen.

Er wärmte sich tatsächlich auf einem Bänkchen vor dem Schwedenofen auf. Die ersten Tage und Nächte schlief er fast durch, immer wachsam, aber sehr müde. Und dann, irgendwann, erinnerte er sich offenbar daran, dass er ein Draußen-Hund war.

Draußen hatte bis vor kurzer Zeit sein bisheriges Leben stattgefunden, drinnen war es ihm einfach zu warm. Im ersten Sommer begann er bereits damit, alleine im Garten übernachten zu wollen. Was bedeutete, ich hatte einen Hund, der einfach nicht mehr ins Haus hereinkommen wollte. Nicht schön für mich! Ich mag es nicht, ihn alleine draußen zu wissen. Einbrecher und dunkle Gestalten in dunklen

Zeiten lassen mich in solchen Nächten dann eher unruhig bis gar nicht schlafen. Wenn der Hund unbedingt draußen nächtigen will und ich drinnen bleibe ist die Verandatüre zu. Meine Ohren hingegen sind weit offen, die Fenster auch. Wieder nicht das, was ich mir vorgestellt hatte.

Es kam aber schlimmer. Nach dem zweiten Sommer wollte der gute Hund bereits im Herbst lieber im Freien nächtigen, nach dem dritten sogar im Winter nicht mehr ins Haus kommen. Und das, was ihm so große Freude machte, wurde mir zur Last. Denn er möchte zwar draußen wohnen, will aber dennoch gerne zugedeckt werden. Bei jedem Geräusch springt er auf, um nach dem Rechten zu sehen, und die Decke liegt danach irgendwo im Gras herum, nur nicht mehr da, wo sie hingehört.

Was nun folgte war ein Hüttenmarathon.
Ich beschoss logischerweise eine Hundehütte zu bauen, denn wer will sein Tier gerne ungeschützt bei Wind und Wetter im Garten wissen, selbst wenn es das will? Aus einer Hütte wurden fünf oder

sechs, denn keine wurde angenommen. In einige schaute er angewidert hinein, betrat sie aber nie, er half zwar beim Bauen und Zimmern der Hütten und legte sich dann davor zur Ruhe, er beobachtete mich pflichtbewusst manchmal auch genervt beim Sägen, Schneiden, Schrauben und Leimen. Meistens aber verzog er sich um die nächste Gartenhecke um sich dort in Ruhe ein Erdloch in einem neuangelegten Blumenbeet zu graben. Ich war ja ohnehin anderwärtig beschäftigt. Hütten erinnern ihn wohl an das Tierheim. Das wiederum kann ich nachvollziehen. Ich würde mich auch nicht mehr in ein Stockbett legen, wenn mich dieses an das Kinderheim oder gar ein Waisenhaus erinnert. Also wurde ich zu Tim Tailor, dem Heimwerkerkönig.

Zuerst entstand ein wunderbares Haus aus Holz. Mit ovalem Türeingang, aus dem ein eckiger wurde. Mit Veranda, die dann zum Vordach umfunktioniert wurde, aus dem dann in weiterer Folge eine Stufe entstand, aus der ein Boden wurde und das nach all den Umbauten unangenommen, unakzeptiert sowie unbetreten und unbenutzt sang und klanglos zerlegt im Müll landete.

Holz war nicht sein Ding. Es folgte ein Kinderzelt von Ikea, von selbst aufploppbar und aus wetterfestem Plastik, das recht nett anzusehen und wahlweise im Prinzessinnen- wie auch im Ritteroutfit erhältlich war. Wir hatten schnell beide durch. Ritterburg wie rosarotes Prinzessinnenzelt standen wochenlang verloren zur Eingewöhnung im Wohnzimmer herum, er ging auch kurz hinein und zwar immer nur dann, wenn es ans Bürsten ging. Wähhgrrrrrraaarghhh, sagte mein Hund sobald er Kamm oder Bürste sah, zeigte mir seine rattenscharfen Zähnchen und verschwand blitzschnell im Plastikzelt, um sich dort zur Ruhe zu betten. Genauso lange wie ich mit der Fellpflegegarnitur in der Gegend herumstand. Verschwand die Bürste kam er frohgemut heraus und tat das, was er sonst auch tat. Er legte sich in den Garten oder verbellte die Nachbarskrähen, den Nachbarshund, die Nachbarskatze, die Nachbarskinder oder den Nachbarsmarder.

Eine Zeit lang stand Prinzessinnenschloss und Ritterburg auch draußen im Garten an Lieblingsstellen herum. Dort flogen dann tagsüber Hummeln und Bienen eifrig ein und aus, weil das Dach sonnengelb war. (Die Burg war grau, da zogen dafür die Mäuse in der Nacht ein.) Nach ein paar Wochen und dem ewig gehenden Wiener Wind vertrug es das Zelt täglich ein paar Meter weit und so ploppte ich es bei Windstärke 12 eines Tages wütend zusammen und warf es dem Holzhaus hinterher. Es folgte ein schönes großes buntes Kinderspielhaus aus Hartplastik. Das sah wirklich wunderschön aus, war stabil, stand auf einer Holzpalette festgeschraubt und war Windhosen und Tornados trotzend für alle Ewigkeit gut befestigt. Leider bekam auch dieses Haus nicht die Gelegenheit, irgendjemanden zu beherbergen. Es wurde zwar ein oder zwei Mal benutzt, als es ganz arg im Mai hagelte und auch bei einem Gewitter durfte es Schutz bieten. Ansonsten stand auch dieses Haus unschuldig und leer in der Gegend herum. Nach einem Jahr warf ich die ungeliebte und von der Sonne ausgeblichene Kindervilla weg und legte ein dickes breites Holzbrett mit einer Decke darauf auf seine Lieblingsstelle im Garten. Er ließ sich darauf nieder und irgendwie entstand ein provisorisches Zeltlager, das rund um ihn herum aufgebaut wurde. So eine Art Zigeunerbaracke aus Plastik, Holzstreben und sehr viel durchsichtiger Folie. Kein für-länger Ding! Aber wie es halt so ist mit Provisorien, beim Zahnarzt genau wie im echten Hundeleben, wurde ausgerechnet das hässliche Provisorium heiß geliebt und benutzt. Es blieb. Der Hund blickt nun seit zwei Jahren durch ein zusammen-geschustertes Fetzenzelt aus durchsichtiger PVC-Folie, liegt darin wind- und regengeschützt auf seiner Yogamatte herum und er liebt es.

Es ist nicht alles Gold, was glänzt. Nicht alles, was teuer, praktisch und schön ist, wird auch angenommen. Wenn es dann aber endlich passt, kann es durchaus hässlich oder provisorisch sein, und wird trotzdem heiß geliebt. Und bleibt daher irgendwie für immer.

Das schönste Geschenk ist ein gesunder Hund

Eigentlich wollte ich ja hier auch über die Grünen schreiben und über die neue Unsitte, Hunde mit Flüchtlingen zu vergleichen oder überhaupt ganz generell über mutmaßlich arme Menschen zu brabbeln, sobald es irgendwo um gequälte Tiere (oder um tierische Fragen) geht. Wo sich Fragen aufwerfen wie die: "Sind Hunde gefährlicher als Aggrobettler?" und man sich ernsthaft fragt, wem zum Henker so eine Frage überhaupt einfällt. Genau, den Grünen.

Ach, die armen Menschen, heißt es dann beispielsweise, wo doch eigentlich die Umweltverschmutzung, der Atomkrieg, die Flüchtlingskrise, der Butterpreis und der Rest sowieso von den bösen Hunden stammt, könnte man meinen. Wenn man ein Grüner wäre.

Dann aber wurde mein Kleiner plötzlich krank. Ziemlich krank. Wenn der Hund vom Tierarzt krank wird, ist das für den dazugehörenden Menschen eine mittlere Katastrophe, jedenfalls für mich ist das so. Augenblicklich fällt ein schwerer schwarzer Vorhang über alles und der Schatten verdeckt jeglichen Sonnenstrahl. Dabei habe ich sonst ein sehr sonniges Gemüt, aber wenn es um die Gesundheit und das Leben meiner Liebsten geht verschieben sich die Relationen und nichts ist mehr wichtig. Ein neues Auto? Teure Uhren, Urlaub? Alles vergessen, alles nichts wert. (Die unwichtigste Partei der Welt verschwindet sowieso als erste im gedanklichen Keller.)

Bitte lass den Kleinen schnell gesund werden, schreit jede Faser von mir ins Universum.

Manche denken, als Tierarzt hätte man es als Hundebesitzer besser als der Laie, wenn der Hund kränkelt. Weit gefehlt. Ich kann Ihnen garantieren, sobald ich den leisesten Hauch einer körperlichen Unstimmigkeit bei meinem Hund bemerke, fängt mein Gehirn blitzschnell an zu rotieren, Verdachtsdiagnosen zu erstellen, Therapiepläne auszuarbeiten und alle möglichen Horrorszenarien durchzuspielen, die die Veterinärmedizin so zu bieten hat. Und die hat davon reichlich.

Kollegen werden kontaktiert, die besten teuersten schmackhaftesten Medikamente gekauft.

Dass ich die Krankheit überhaupt entdeckte, verdankt der Hund meinen Argusaugen. Akribisch verfolge ich seine Ausscheidungen wie Kot und Harn, kontrolliere ich seine Schleimhäute, prüfe die Regelmäßigkeit seiner Atemzüge und überhaupt sein gesamtes Verhalten. Neurotisch, ich weiß. Sie wissen ja schon: das ist die Kontrollglucke in mir.

Neulich sprang der Hund zufällig über die vorderen Autositze ins Auto, dabei verlor er einen einzigen Tropfen Harn auf dem weißen Sitzbezug. Hinten liegen Decken, da wäre mir dieser Tropfen gar nicht aufgefallen. Während der Tropfen feucht war, schimmerte er leicht dunkel. Trocken sah er wieder gelblich aus. Ich dachte nicht weiter darüber nach, speicherte die Information aber im Gehirn.

Zwei Tage später bemerkte ich einen winzigen Tropfen Blut am Unterschenkel meines Hundes, klitzeklein, kurz bevor der Hund sich nach dem Pinkeln die Schenkel sauber leckte.

Alarmglocken schrillten.

Jeder andere hätte das als bedeutungslos abgetan. Ein winziger hellroter Tropfen, keine Symptome. Weder Harndrang, Schmerzen beim Wasserlassen noch Apathie oder Körpergeruch.

Ich nahm ein sauberes Gefäß und schritt zur Tat. Es war schon finster draußen und der Hund pinkelte mir munter auf die eisigen Finger, während ich die Harnprobe in einer sauberen Teetasse einfing und da war er, der Beweis. Der Harn war dunkelgrün und übel schleimig-fadenziehend. Normal sieht Hundeharn gelb aus, gelb wie die Sonne und ist durchsichtig und klar. Mir wurde schlecht. Das Rad in meinem Kopf begann sich augenblicklich zu drehen. Von Penisverletzung über Prostatatumor, von Niereninsuffizienz bis Leberschaden und Steinen war alles präsent, was man sonst sehr gerne und gut verdrängt. Bestenfalls handelte es sich um eine sehr böse Blasenentzündung.

Die Harnprobe wurde noch am selben Abend ins Labor geschickt um Harnkristalle abzuklären und ein Antibiogramm zu erstellen.

Ein Kurzcheck mit Teststreifen ergab viel Blut und einige Entzündungszellen im Harn.

Ich fing mit der Therapie an. Antibiotika einzugeben ist bei meinem Hund eine Herausforderung der Spitzenklasse. Klar könnte ich sie ihm subcutan spritzen. Aber wer mag schon gerne das eigene Tier mit Nadeln traktieren, noch dazu, wo Amoxicillin dickflüssig ist und eine dickere Nadel nötig ist? Ich sicher nicht. Ein Röntgenbild zu schießen ist dann erst recht der totale Supergau mit einem Tier, das sich von niemand angreifen und schon gar nicht festhalten lässt.

Schmackhafte Kautabletten mögen zwar für 99 Prozent der Hunde schmackhaft und reizvoll sein, jedoch meiner ist schon gesund der schlechteste Esser vor dem Herrn, man kann ihn kaum zum Fressen animieren.

Zweimal täglich eine große Tablette in den kleinen Wolf hineinzumogeln ist ungefähr so einfach, wie einen Handstand zu machen, wenn man absolut unsportlich ist. Sicher, man könnte die Tablette täglich brutal in seinen Rachen schieben aber Brutalität ist nicht mein Ding.

Mein Hund ist hochsensibel, so wie ich auch. Wir gehen sanft miteinander um. Was muss, das muss gibt es bei uns nicht.

Ich kenne alle Tricks, um den Hund bei Fresslaune zu halten. Wir haben selbstgebackene Kekse zerbröselt und dazwischen die schmackhaften Tabletten versteckt, wir haben sie in Leberwurst getarnt, wir haben Schinken darüber gefaltet und einige andere lustige Dinge mehr, die ich hier nicht aufzähle, denn es reicht, wenn ich mich vor meinem Hund lächerlich mache, es muss nicht auch noch öffentlich geschehen. Denn leider mag er

Leberwurst und Schinken genauso wenig wie Fleisch, Wurst, Käse oder sonst was. Essen war noch nie sein Ding, das war immer schon so. Essen, würg, denkt er und schaut mich angewidert an mit seinen unergründlichen wunderschönen wölfischen Bernsteinaugen.

Schatzilein, ich würde die Tabletten gerne für dich schlucken, sogar Kutteln würde ich für dich essen, wenn es dir dann besser ginge. Ich würde mir die Spritze für dich geben lassen, ich würde mir an deiner Stelle Blut abnehmen lassen. Ich würde alles für meinen Hund tun, damit es ihm gut geht und er gesund wird.

Unsere Tage im Krankenlager beschränkten sich daher auf Pfötchenhalten, lustige Verrenkungen machen, um den Hund zum Essen zu bewegen, Harnproben zu vergleichen, sich zu freuen, dass die Farbe von grün wieder zu gelb wechselt, Magenschutz heimlich in gekochten Hühnchen zu verstecken, die Darmflora mit Omnibiotic bei Laune zu halten und ihn draussen im Kalten mit warmen Decken zu nerven.

Nein, Biberbär, du darfst jetzt nicht auf den kalten Steinen liegen. Du musst extra viel trinken, mein Hase. Weil nicht immer eine Infusion nötig ist, um die Nieren zu spülen, wenn man den Hund mit dem Wassernapf verfolgt und ihn ununterbrochen dazu animiert, zu trinken: "Weil sonst trinkt das Eichkatzi/Katzi/Vogi dein Wasser!"

Im Laborbefund waren dann Oxalatkristalle zu finden, neben Unmengen von Staphylococcen und Blut. Nun blieb genauer abzuklären, ob diese hartnäckigen widerlichen Dinger die Probleme verursacht haben oder ob gar schon Steine da waren. Wir waren ihnen jedenfalls auf der Spur.

Mag sein, dass es überall auf der Welt größere Probleme gibt als kranke Hunde. Mag sein, dass jetzt viele schreien werden, aber Menschen sterben gerade in irgendwo und der Doktor faselt da über seinen Hund und dessen Urinfarbe.

Das mag alles sein.

Für mich war es aber das einzig wichtige Thema.

Erst wenn der Hund ganz gesund ist bin ich wieder ein Mensch mit alltäglichen Wünschen und Bedürfnissen.

Bis dahin habe ich nur den einen Wunsch: Bitte, Universum, lass ihn schnell wieder gesund werden. Lass es nur eine hundsordinäre Blasenentzündung gewesen sein. Und lass den nächsten Laborbefund steinfrei ausfallen.

Noch nie habe ich mich so über einen unblutigen plätschernden Harnstrahl gefreut.

Doch die Freude hielt nicht lange an, denn nach ein paar Monaten wiederholte sich die Geschichte und ich fand wieder einen Blutstropfen, diesmal auf dem weißen Schlaflaken meines Höllenfürsten. Ich wusste, was das hieß: Nachforschen, ob sich nicht doch schon wieder Kristalle im Harnbefund finden würden. Was das Labor dann auch ein paar Tage später bestätigte. Und was für andere Hunde normalerweise eine Kaskade von tierärztlichen Untersuchungen auslösen würde, die ich mit einem

Höllenhund auf gar keinen Fall durchführen konnte. Wieder half mir das Karma aus der Patsche. Weil der Wert einer Tat von Intention und Energie bestimmt wird, schaffte ich es, einen Kollegen auszuforschen und auch zu überreden, ausnahmsweise einen Hausbesuch bei uns abzuhalten. Mit einem mobilen Ultraschallgerät.

Plötzlich schloss sich der Kreis. Ich habe mich sehr oft gefragt, ob ich nicht völlig nutzlos lange Jahre für ein zeit-, nerven- und kostenintensives Studium vergeudet habe, das mich im Endeffekt weder zu einem besseren Menschen machte noch mir den Beruf bescherte, der mich herausragend glücklich gemacht hätte. Nun erkannte ich endlich den Sinn dieser Schicksalsfügung, Tierarzt zu sein, ohne den tierärztlichen Beruf noch aktiv praktizierend auszuüben. Man konnte argumentieren, man konnte seinem Hund etwas bieten, was andere Hundehalter nicht können: Man weiß, wo man anklopfen muss um professionelle High Class Hilfe zu erhalten. Das war es wert.

Die größte Belohnung fordert die meiste Geduld

Dieses vorletzte vom Karma auferlegte Gesetz finde ich so bedeutend, dass ich ihm ein eigenes Kapitel widmen möchte. In dieser Geschichte erzähle ich Ihnen, wie der Herr Kollege mit seinem mobilen Ultraschallgerät in unserem Haus anrückte und alles anders kam als erwartet.

Denn ich war felsenfest davon überzeugt, dass wir es niemals schaffen würden stressfrei und ohne Verluste auf beiden Seiten an meinem Hund manipulative tierärztliche Eingriffe vorzunehmen. Kein Problem, sagte der Herr Kollege, den ich telefonisch zu diesem Hausbesuch eingeladen hatte. Aus all den bisher hier nachlesbaren Gründen, die meinen Höllenhund eher zu einem schlechten Gastgeber machen, verschwieg ich dezent die Tatsache, dass der Hund eher nicht so handzahm sein würde, wenn ein Fremder mit einem Gel und einem kalten Gerät in seiner empfindlichsten Region herumhantiert. In Seitenlage noch dazu.

Ich kann nicht mal Krallen schneiden, geschweige denn die Haare zwischen den Hundepfoten mit einer Schere abschneiden ohne in den Anblick der schneeweißen rasierklingenscharfen Haifischzähnchen zu kommen.

Meine Ohren, meine Pfoten, meine Krallen, Herrli, Finger weg, oder ich beiße dich, heißt das und ich bin ja nicht blöd. Wegen nicht lebenswichtiger Kleinigkeiten lasse ich mich weder beißen noch mache ich dem Hund deswegen zusätzlichen Stress. Krallen laufen sich am Asphalt wieder ab, Haare bleiben eben lang.

Bei einer medizinischen Angelegenheit auf Leben und Tod schaut die Sache aber anders aus, denn hier gilt auch für ihn: Was muss, das muss! In diesem Fall musste eben Seitenlage, trotz vorhersehbarer Proteste, trotz Hüft-Aua und trotz allen sonstigen Ausreden, denn sonst sieht man weder Niere noch Milz und die hätte ich auch ganz gerne befundet gehabt. Wenn schon, denn schon!

Ich erzählte dem Kollegen möglicherweise telefonisch nur kurz, dass es sich um ein Tier aus dem Tierschutz handelte und naja, den unhöflichen, unerfreulichen Teil mit der Hölle und dem Rest vergaß ich irgendwie zu erwähnen. Ich wollte diesen Hausbesuch. Ich konnte kein Risiko eingehen, dass die einzige kompetente Person, die diese Untersuchung zuhause möglich machte, wieder absagte, nur weil der Hund, freundlich formuliert, eine Herausforderung war.

Die Nacht davor machte ich kein Auge zu. Was wäre wenn, Sie wissen schon. Kopfkino, die halbe Nacht. Filme, die eher dem Horrorgenre zuzuordnen waren. Ich träumte von blutenden Körperteilen und einem tobenden, durchs Haus gejagten Hund. Furchtbar! Gerädert begann ich den Tag, und gegen Mittag verließ ich zwei Stunden vor dem Termin das Haus, um den Hund nicht anzustecken mit meiner nervösen Aura des Grauens. Self-fulfilling prophecy konnten wir uns nicht leisten.

Ich saß daher draußen am Parkplatz, wartete auf den Kollegen und aß sehr viel Schokolade, die ja angeblich die Nerven beruhigt. Der kam pünktlich und gut gelaunt mit dem Werkzeugköfferchen an und wir gingen gemeinsam ins Haus, damit der Hund wusste, es kommt ein Freund und kein Feind zur Türe hereinspaziert. Wer mit mir lachend und plaudernd kommt, hat auch für den Vierbeiner willkommen zu sein. Jedenfalls trifft das bei den meisten Besuchern zu.

Was dann geschah verblüffte mich wohl selbst am meisten, hatte ich doch mit dem worst case ever gerechnet. Weil ich aber diesmal Unmögliches auf jeden Fall möglich machen musste gab es kein Zurück und ich hatte noch Buddha im Ohr, wie er seinen Fans lächelnd erklärte, dass alles, was wir sind, nur ein Resultat dessen ist, was wir denken oder so ähnlich. Also dachte ich fest daran, dass wir ein freundliches handzahmes Hündchen vorfinden würden, zumindest für die nächste halbe Stunde, denn so lange sollte die Untersuchung dauern.

Es begab sich, dass der Kollege gleich erfrischend beim Auspacken erzählte, er sei noch nie gebissen worden. Außer von einem Alaskan Malamute und das ohne Vorwarnung.

Ganz reizend, dachte ich, während ich nach Luft schnappte und der Höllenhund angeregt am Hosenbein des Fremden schnüffelte, weil der intensiv nach Katze roch. Alf beroch auch noch das ausgepackte Gerät und dann legte er sich auf den Flokati. Ja, Sie haben richtig gelesen. Der, der vor ein paar Jahren Fremde ins Haus weder hinein noch sie ohne Riesengedöns wieder heraus gelassen hätte, war auf einmal wie ausgetauscht. Es war weder heiß draußen, noch war er sediert.

Er war einfach entspannt! So mir nichts dir nichts ließ er sich nieder und wir knieten uns um ihn herum auf den Teppich. Dann packte der Herr Kollege seine Hinterbeine und ich die Schnauze und die Vorderbeine wobei mein Herz fast brach, aber es musste nun Mal sein und der völlig überrumpelte Hund machte keinen Mucks und schon lag er in Seitenlage. Ich litt. Er heulte nicht, er schrie nicht, er machte nur leise das altbekannte Fieeeet fieeet und das machte es noch schlimmer. Ich konnte es fast nicht ertragen, dieses ängstliche Fiiiiiiet. Die Dame des Hauses griff ein und hielt gekonnt die Vorderbeine an meiner Stelle fest während mir fast die Tränen übers Gesicht strömen wollten und ich am liebsten alle vom Hund weggerissen hätte. Aber es musste sein.

Entspannen Sie sich, Herr Kollege, sagte freundlicher kompetenter Tierarztkollege während er blitzschnell den Höllenhundbauch abrasierte und genauso blitzschnell beschallte, trotzdem kam es mir wie Stunden vor. Sein Bauch ist übrigens ganz weich und entspannt, stellte der Kollege auch noch amüsiert fest, um mich zu beruhigen, was jedoch wenig half. Ich hing so zwischen Leben und Sterben über meinem Hund und war eher hinderlich als förderlich für das Unternehmen, wollte jedoch auch nicht weggehen. Endlich war alles vorbei und wir ließen los. Schweißgebadet stand ich auf, total verspannt, und dachte kurz darüber nach, was für eine Memme ich doch war, wenn es um die Meinen geht und wie cool das vierbeinige Höllenteil dieses Ding durchgestanden hatte. Ganz ohne Blut, ganz ohne irgendwas von all dem, was ich mir ausgedacht hatte in meiner dummen Phantasie.

Mein Hund schüttelte sich und eilte in den Garten hinaus um seine übervolle geschallte Blase zu entleeren, in der sich leider ein wenig Gries befand, aber wenigstens kein Riesenstein und ich stand peinlich berührt mit dem Kollegen herum, beglich die Rechnung und schämte mich ein klein wenig, ich gebe es zu. Aber die Freude überwog.

Die Freude, dass weder Tumor noch Stein in meinem Hund gefunden wurden und dass er sich so verhalten hatte wie ein ganz normaler Hund. Das war das Ergebnis dieser jahrelangen Mühe, die ich mir gegeben habe. Die Mühe, vierundzwanzig

Stunden lang vertrauenswürdig zu sein. Es hatte tatsächlich geklappt!

Da war er, der Beweis: Wir hatten wirklich gemeinsam das Unmögliche möglich gemacht.

Zen ist ein uralter Weg um dem Verstand zu überlisten, wenn sich dieser ständig neue Befürchtungen ausdenkt. Zen bringt den Verstand zum Schweigen, damit das Herz das Kommando übernehmen kann. Sobald das Herz zum Verstand sagt „Halt jetzt endlich mal die Klappe!" kann alles, was man sich wünscht, endlich wahr werden.

Zen lenkt die Aufmerksamkeit auf die Wirklichkeit, macht es möglich, dass man ganz von selbst das Gefühl von Vertrauen in sich selbst, Vertrauen in den Anderen und jede Menge Kraft geschenkt bekommt.

Von der Art des Denkens hängt alles ab. Vom Denken geht alles aus, wird alles gelenkt und geschaffen. *Wer schlecht redet oder handelt, dem folgt das Leid wie das Rad den Hufen des*

Zugtieres. Und wer will schon ständig ein Rad hinter sich wissen, das einem folgt!

Lieber habe ich gelegentlich ein emotionales Rad ab.

Damit, so hoffe ich jedenfalls, können alle in meiner Umgebung leben.

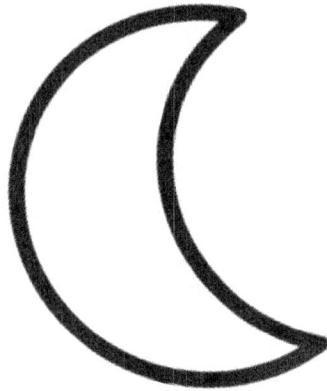

Hunde irren sich nie

Ich ging mit meinem mittlerweile gelegentlich tiefenentspannten (jedenfalls rede ich mir das gerne ein) Höllengefährten eine Straße entlang, die neben einem öffentlichen Bad liegt. In gewohnter Manier federte ich dort um eine unübersehbare Ecke, denn wenn es um uneinsichtige Straßenwinkel und dunkle Gassen geht muss ich der Erste sein, der vorangeht. Bevor es kracht.

Bin ich zu langsam, ergreift der Hund die Initiative und dann kann es vorkommen, dass wir plötzlich Nase an Nase mit einem anderen Hund stehen. Und das wollen wir gewiss nicht. Meiner mag keine anderen Hunde. Also gar keine. Weder die „Meiner ist eh ein Weiberl" und auch nicht die „Meiner ist eh ein Manderl" und auch nicht die Onkels und Tanten dazwischen. Keine. Außer ganz kleine nette willige läufige Hundedamen. Die sind aber eher selten.

Um also das Zusammentreffen an Straßenecken und Weggabelungen in der Stadt zu vermeiden eile ich eben lässig und bei Dunkelheit durchaus dynamisch mit meinem Monster an der Leine dahin. Schnell wie der Wind kratzen wir Kurven und Biegungen um freilaufende Vierbeiner zu vermeiden oder zu umschiffen.

Meist sehe ich dabei so aus, dass ich mich selbst nicht erkennen würde. Das Beinkleid ist der Situation ebenso angepasst wie das Schuhwerk, das sich in einem Bergwerk unter Tag sehr harmonisch einfügen würde. Ich sehe also für meine Verhältnisse wirklich erschreckend aus, meist mit Dreitage-Bart und legeren Hosen. Diesmal trug ich die allerschrecklichste Variante überhaupt, die Jogginghose. Ich schämte mich bereits als ich eilig in sie hineinfuhr, ich schämte mich auch, als ich in ihr das Haus verließ. Dann war es draußen kalt und sehr windig und ich vergaß kurzfristig darauf, mich zu schämen, weil ich eben konzentriert um diese Ecke federte. (Währenddessen sah ich ganz gewiss weder entspannt noch besonders anziehend aus.)

An der Ecke traf ich auf eine fremde hübsche Frauensperson. Sie ging spazieren. (Eine Perserin, wie sich später herausstellte, denn sie lachte mich an und wir kamen ins Gespräch.) Es war nicht dieses verschämte Lächeln, sondern ein fröhliches offenes Lachen, das man heute nur noch sehr selten in den mitmenschlichen Gesichtern antrifft. Die meisten schauen böse, gelangweilt, verhärmt, zornig, stupide oder stur auf ihr Handy.

Die Frau sah mich laufen, mit dem Höllenhund im Schlepptau, und sie lachte aus ganzem Herzen. Ich blieb stehen, was ich sehr selten tue. Meistens renne ich, wenn Menschen uns zu nahekommen, Sie wissen schon, Woagggggrrrhhh macht es dann aus der Tiefe des mich begleitenden

Höllenschlunds, wenn der liebe Hund jemand nicht mag, immer noch.

Manchmal bin ich dafür dankbar. Mein Hund irrt sich nie. Seine Menschenkenntnis ist unbezahlbar, unübertrefflich sowie absolut unbestechlich. Immer. Diesmal blieb ich aber stehen, weil die Frau wunderhübsch war, und machte einen saloppen Stolperschritt, während ich versuchte, dabei nicht über den Hund zu fallen und erwartete ein Groaooogrrrrwähhhh aus der geliebten Kehle. Das Groaooogrrrrwähhhh blieb aber aus. Der Hund ignorierte die fremde Dame gekonnt, ganz so als wäre sie Luft. Was für ein vorzügliches Zeichen für erlaubte Kommunikationsaufnahme!

Seit der Hund bei mir eingezogen war ließen zwischenmenschliche Kontakte sehr zu wünschen übrig. Meistens beschränkten sie sich auf Streitgespräche mit uneinsichtigen Hundehaltern, die ihre Fellfreunde nicht anleinen wollten; Besuche bei uns Zuhause waren nicht mal im Abnehmen, sondern völlig gestrichen. Es kam einfach mit der

Zeit niemand mehr. Jedenfalls nicht gerne. Nur die Hartgesottenen fanden sich damit ab, zwar hinein, aber nicht mehr freiwillig hinausgelassen zu werden. Aber das ist schon wieder eine andere Geschichte. Ich sprach sie also an und meinte, so charmant wie es solche Hosen in der Öffentlichkeit überhaupt zulassen: „Es sind die Hosen, stimmts?". (Dazu muss ich noch hinzufügen: Die Hosen waren auch farblich eine Entgleisung. Sie sind mintgrün.)

Sie lachte wieder und diesmal noch herzlicher.

„Es sind nicht die Hosen", sagte sie, „Menschen müssen einfach mehr Freude im Leben haben."

Und eilte weiter. Während der Höllenhund so tat als könne er keiner Fliege etwas zu leide tun und ich mit einem wirklich guten, warmen Gefühl im Bauch zurückblieb. Sie drehte sich noch ein-, zwei Mal um und winkte, wir fielen schnell hinter ihr zurück. Sie verschwand.

Was für ein Tag, dachte ich. Freundliche Menschen zu treffen, die mein Höllentier wortlos zum handzahmen Dackel machen. So muss die Welt sein. Sonnig und hell. Offene Herzen, positive Begegnungen. Viel mehr Lachen.

Und alles wäre gut.

Tipp vom Karma:

Glaub an dich! Wenn du dir selbst nicht glauben kannst, wird auch sonst niemand es tun.

Schon gar nicht dein Hund.

Der Zwillinge Hund

21. Mai bis 21. Juni
ZWILLINGE (GEMINI)
Bewegliches Zeichen, Luft
Herrscher: MERKUR
Kennworte: Geistigkeit, Beweglichkeit,
Nonkonformismus

Der im Zwilling geborene Hund wird von Merkur beherrscht. Er denkt und handelt rasch, er braucht eine Familie, die viel mit ihm spricht und unternimmt.

Zwillinge Hunde dürsten nach Wissen, sind begierig zu lernen, denn Bildung ist Wissen und Wissen ist Macht. Doch der Zwillinge Hund ist ein Schwätzer und Beller, er sollte lernen, seine Zunge im Zaum zu halten, ehe er dadurch größeren Schaden anrichtet, vor allem bei den Nachbarn und dem Postboten.

Der Zwillinge Hund ist optimistisch, an allem und jedem interessiert und mit einer Vielzahl von Talenten ausgestattet. Mit einer guten Schulausbildung kann er sehr angenehm und kultiviert sein.

Aber Abwechslung ist das Salz im Leben Ihres Zwillinge Hundes und die Laune des Augenblicks bestimmt seine Gemütsverfassung.

Der Zwillinge Hund ist stets in gespannter Aufmerksamkeit und Erwartung. In seiner Findigkeit entdeckt er immer neue Tricks, andere von seinem Anderssein zu überzeugen.

Der Zwillinge Hund wird nie etwas unternehmen, weil Frauchen oder Herrchen es so wollen, er lässt sich seine Individualität von niemandem nehmen. Doch mit zunehmendem Alter wird er zu der Erkenntnis gelangen, dass es ohne Zusammenarbeit mit seiner Familie keine Selbsterfüllung geben kann.

Zwillinge Hunde erfreuen sich im allgemeinen großer Beliebtheit, da sie gesellige und brillante

Unterhalter sind. Sie sind so charmant und einfallsreich, dass man bei ihren Fehlern gerne beide Augen zudrückt.

Zwillinge Hunde lieben Abwechslung, schätzen Spannung und Tempo beim Spielen, jagen gerne alles was sich bewegt und mögen Weg- und Nachlaufspiele.

Kein anderer als Ihr im Zwilling geborener Hund kann so viele Bedürfnisse befriedigen: er liebt Spass mit seiner Familie, tröstet sie, braucht die intellektuelle Auseinandersetzung, ist zärtlich und liebt seine Familie über alles.

Das Motto des Zwillinge Hundes lautet:

„Ich denke".

Sibirien, oder warum der Winter böse ist

Der letzte Winter war einer von der Sorte, die einem ungesagte Worte bereits im Mund erfrieren ließ.

Schlittenhundwetter!, dachte mein geliebter Hund jubelnd während ich versuchte, mich irgendwie krampfhaft positiv zu stimmen. Mental war meine Stimmung irgendwo zwischen Beginn der Eiszeit und dem Aussterben der Mammuts angesiedelt. Schnee in Kombination mit einem Höllenhund ist sozusagen Hiroshima plus Fukushima, ist Trump und Millan zuhause bei Tee und Kuchen oder alles auf einmal.

In Wien wird gesalzen als wäre Schnee atomarer Niederschlag, den es zu bekämpfen gilt und zwar noch bevor die erste Flocke überhaupt den Boden einer Straße berührt.

Salz!

Tonnenweise Salz, soweit das Auge blickt, kaum hat der Wetterbericht Schnee angesagt. Noch bevor dieser sachte niederrieselt, verlässt eine Armee der Schneeräumung der Stadt Wien ihre sichere warme Garage und begibt sich auf den Kriegspfad.

Salz, Salz, Salz! Die Straßen und Gassen sind im Winter weiß, aber nicht vom Schnee, der gar keine Chance hat sich am nächsten Tag in matschiges braun zu verwandeln, sondern vom Salz.

Was das für Hundepfoten bedeutet ist schwer in Worte zu fassen. Diejenigen, die hochsensibel sind, leiden Höllenqualen. Meinem diabolischen Tier passen keine Hundeschuhe, die die Pfoten schützen würden. Ich habe sie alle durchprobiert. Die aus Gummi, die aus Plastik und auch die mit dem Sockenschuh. Sowohl die für Schlittenhunde als auch die hundsordinären rutschen von seinen Füßlein, als wären sie mit Gleitgel überzogen. Der Hund hat nicht nur zu kurze Beine, er hat auch anatomisch inkorrekte Endpfoten, was sein Gesamtbild höllenhundhaft perfekt abrundet.

Er ist kastriert, aber sexuell durchaus an läufigen Hündinnen interessiert, was jeden Spaziergang zusätzlich zu Schnee, Polarluft und Glatteis inklusive Salzüberdosis zu einer Herausforderung der Sonderklasse macht.

Neulich gingen wir über eine versalzene Straße irgendwo am Stadtrand. Der aufgetaute Schnee bildete eine Pfütze und wer meinen Hund kennt weiß, dass er die Richtung vorgibt und nicht ich, weil es sein Spaziergang ist und nicht meiner. Das gestaltet sich spannend, vor allem, wenn am Pfützenrand eine läufige Hündin ihre Markierung gesetzt hat. Er stand also mit den Hinterbeinen eine Schnüffellänge in der Salzpfütze. Dann machte er plötzlich einen erschrockenen Schritt vorwärts- und fiel krampfend und schreiend auf die Seite. Das Salz tat ihm weh! Ich raffte mit fast überirdischer Kraft und einer hohen Dosis Adrenalin den Hund hoch und trug ihn ins Auto, wo ich die schmerzenden Pfoten mit seinem immer mitgeführten Trinkwasser sofort spülen konnte.

Salz, Salz, Salz! Überall!

Aber nicht nur die Schmerzen in den Pfotenballen sondern auch Durchfälle und Nierenschäden entstehen durch das Streusalz. Es wird auch durch die Haut resorbiert und von Pfoten und Fell abgeleckt.

Und als ob das nicht reicht, ruiniert das giftige Zeug jegliche Botanik. Schauen Sie sich mal im Winter den Rasen an Wiens Straßenrändern an. Totes schwarzes Gras, soweit das Auge blickt. Salzoasen, überzuckert mit Schotter, um den Feinstaubgehalt der Luft zu belasten. Nicht der Diesel ist schuld, liebe Politiker, nicht die Autos! Es ist das Salz, das Bäume, Sträucher, Hundepfoten, Schuhe, Böden und Autos demoliert und nicht nur Hunde vergiftet, sondern auch Katzenpfoten, sowie natürlich Vögel und Füchse, die das Zeug dann trinken und Pferdehufe sowieso.

Darum hasse ich den Schnee; ich betrachte den Winter in der Stadt als meinen ganz persönlichen Feind. Dazu kommt die Respektlosigkeit diverser Hundeführer, die ihre meist unabrufbaren Hunde im Schnee ohne Leine rennen lassen und ich, mit meinem an der Leine, muss mich dann an Zäunen oder Autos festklammern um nicht hart aufzuschlagen im rutschigen Dreck. Während ich darauf warten darf, dass „Meiner will nur spielen!" nach gefühlten tausend Jahren von irgendwo abgeholt wird, kurz bevor Blut fließt. Denn mit Salz gezuckert sind die Straßen tollerweise noch rutschiger als ohne.

Am liebsten würde ich einen Regentanz aufführen, damit der Salzmatsch endlich weggespült wird. Damit ich endlich wieder das Haus verlassen kann, ohne auf die Straße aufzuschlagen, ohne meinen vor Schmerzen schreienden Hund zu tragen, ohne mich von Zaun zu Baum zu hangeln.

Bitte Frühling, lass dein blaues Band wieder flattern, gerne auch in einer anderen Farbe, aber mach hin, bevor ich im Winter körperlich und mental erfriere oder zur Salzsäule erstarre, denke ich oft an diesen langen finsteren Eistagen, während ich versuche, halbwegs positiv zu sein. Irgendwas muss sich doch finden lassen im Winter, was die guten Seiten des Generals zeigt!

Selbst wenn ich lange grüble will mir nicht sofort etwas dazu einfallen.

Dann aber! Ein sonniger Gedankensplitter! Man kann die schockgefrorene Hundekacke anfassen ohne dabei ins Weiche zu greifen. Und könnte sie dann in diesem Zustand dem Erzfeind, der seinen Hund so gemein behandelt, über den Zaun werfen ohne sich die Hände dreckig zu machen.

Sie taut optimalerweise erst wieder auf, wenn die ersten Fliegenbesuche auf dem Fliederstrauch zu erwarten sind, dafür aber besonders intensiv.

Es gibt also nicht nur diese eine üble Seite von Väterchen Frost, man kann sich bekanntlich alles schön reden.

Afrika, oder warum der Sommer gut ist

Heiße Sommer waren mir schon vor dem
Höllenhund immer unangenehm. Ich war nie ein
besonders enger Freund von Achselschweiß und
dieser scheinbar untrennbaren Kombination aus
weißen Socken und Jesus-Sandalen. Fahrräder
sind nicht meine Freunde und offene Cabrios
brachte ich stets in Zusammenhang mit
Klimaanlagen: Beide verursachen
Augenentzündung. Jedenfalls bei mir.

Nach sechs harten Wintern änderte ich meine
Meinung und versprach, nie wieder über das gelbe
Ding am Himmel zu schimpfen. Es macht meinen
Hund freundlicher. Er kommt vom Nordpol, ich
komme offenbar aus England und irgendwie trafen
wir da neulich eine Art Gentleman Agreement, die
warme Jahreszeit zu achten und zu ehren, mit der

wir uns bisher beide recht wenig anfreunden konnten.

Denn steigt das Thermometer auf wärmelnde dreißig Plusgrade an wird der Hund müde. Nicht nur er, alle Hunde werden durch die Hitze schlapp. Und müde Hunde sind auch zu müde, um in die Leine zu springen, zu toben und einen auf Raubtier zu machen. Jedenfalls ab tropischen 35 Grad ist das so, vor allem, wenn eine Hitzewelle in der Stadt länger andauert als man es eigentlich körperlich ertragen kann. Ab Woche fünf gibt sich der menschliche Körper verlässlich geschlagen und man verlässt das Haus erst nach Sonnenuntergang oder kurz vor Sonnenaufgang, nachdem die müden gereizten ausgetrockneten Augen auf das Thermometer gestarrt haben und Entwarnung geben: Kühler!

Diese Zeit, wo nur hartgesottene oder dusselige Zweibeiner mit ihrem Hund in der Mittagsglut spazieren gehen, joggen oder mit dem Rad fahren überlassen wir im gekühlten verdunkelten Zimmer gerne den anderen da draußen. Denen, die sich leider nicht wehren können und raus müssen oder im Auto sterben, nur weil uneinsichtige Hundebesitzer immer noch daran glauben, dass ein spaltweit offenes Autofenster oder ein schattiger Parkplatz den Hund vor dem Herztod bewahrt. Nachmittags ist es übrigens am heißesten. Da liegt mein Hund im schattigen Garten und bewegt sich keinen Millimeter. Er ist klug. Viele könnten von ihm lernen, wie man richtig Siesta hält. Nicht mal fette Fliegen werden gefangen, die Zeit zerbröselt, die Sonne versengt den Rasen und alles ist ruhig, sogar die furchtbare laute Stadt wird langsam leiser.

Ruhe, Frieden, Sommerhitze. Eis am Stiel, kleine Wasseroasen und Fliegengitter am Fenster sowie die Gewissheit, dass der nächste Winter mit Salz und erfrorenen Backen ganz sicher kommt.

Hitze macht sogar den Höllenhund pflegeleichter, er ruht, hechelt, schläft und sieht mit halb geöffneten Augen gelangweilt zu, wie ich mit dem Gartenschlauch hantiere und ihm Sonnensegel baue, die nahtlos beim ersten Windhauch wieder vom Baum herunterfallen.

Handwerklich bin ich eher ein Amateur aber was macht das schon. Das Leben ist sonnig und warm und ich träume von einer strahlenden Zukunft, in der mein Hund sanft wie ein Lamm mit mir gemeinsam durchs Leben zieht. Noch steht das Wann in den Sternen, doch ich glaube fest daran, dass es uns gelingen kann. Hingabe ist eine unzeitgemäße Tugend, aber langsam entkommt man dem Alltag am schnellsten. Wie viele Sommer hat ein Mensch? Siebzig? Achtzig?

In unserem Garten ist Flüsterzone, laut dürfen nur die Bienen sein. Wir finden das Glück im Jetzt und entkommen dem digitalen Zeitgeist, was kümmert uns die Welt da draußen?

Wir sind ein Team, mein Höllenhund und ich, verbunden in einer Filterblase mit hohem Esprit. Unerwartete Störenfriede blenden wir gekonnt aus.

Ich blende auch aus, dass mein unheimlicher Mitbewohner ein ziemlicher Dickschädel ist, der mich nachts gerne für ein einsames Gartenabenteuer verrät. Er will draußen schlafen, ich kann das verstehen. Wenn da nicht die ungebetenen Gäste wären, die Nachtfalter, Spinnen und Blutsauger, der Marder, der Fuchs, Minnie die Maus und ihre ganze generationenübergreifende Verwandtschaft sowie sehr viele andere unschöne Dinge wie Einbrecher, Gewaltverbrecher und andere Kleinigkeiten, die einem den Nachtschlaf rauben und in der Morgendämmerung einsteigen könnten. Dennoch schlafe ich meinem Hund zuliebe an unerträglichen Tropennächten im Zelt bei ihm im Garten. Dies fördert meinen fast nicht vorhandenen Indiana Jones Trieb und macht mir schmerzhaft bewusst, wie großartig mein Bett im Schlafzimmer eigentlich ist.

Wenn ich nicht einschlafen kann höre ich ein wenig Bach im Zelt. Bach macht nie Angst, man fühlt sich durch seine Musik geborgen und zuhause, erkannt und behütet. Ich denke dann an große Abenteuer auf kleinen schnellen eleganten Schiffen, und wie gerne ich einmal im Ozean mit freien freundlichen Delphinen schwimmen würde.

Bevor ich endlich einschlafe frage ich mich meistens, warum der heldenhafte Höllenhund so wasserscheu ist, obwohl ich ihm extra dieses hellblaue aufblasbare Babyplantschbecken zur Abkühlung gekauft habe. Was ein Fehler war. Denn dort haben sich Gelsen angesiedelt und machen meine digitale Detoxflüsterzone eher zur Quengelzone. Ist das Zelt zu, wird die Luft knapp. Ist es offen, suchen die Gelsen maximale Nähe auf meiner Haut. Der Höllenhund vertreibt sie im Schlaf mit seiner Pfote ohne die Augen zu öffnen, ihn lässt das kalt. Er träumt vielleicht von alten Freunden und davon, wie er am nächsten Tag kleine Katzen erschrecken wird. Da Bevölkerungen offensichtlich nur aus großen Tragödien lernen mache ich ein paar Blutsauger kalt und schlafe dann endlich ein.

Der Sommer ist wunderbar. Er gibt einem das Gefühl, dass alles gut wird. Und ich glaube fest daran. Außerdem kann man wirklich überall etwas

Gutes finden, Dramatik steht meist nur im Kleingedruckten.

Genau dort las ich neulich, dass Afrikanische Ameisen ihre Artgenossen gesund pflegen. Wenn das nicht reicht, um den Sommer zum Superstar der Jahreszeiten zu erklären, weiß ich auch nicht weiter. Sogar Ameisen sind netter als gewisse Hundeflüsterer. Aber das ist schon wieder eine der vielen anderen Geschichten.

Der Sommer ist noch lang! Ein neuer Titel für ein neues Buch schwebt mir vor und die Gewissheit, dass die besten Geschichten meist nicht die sind, die alle begeistern.

Die Zeit zerfällt in Minuten und ich finde endlich Erholung auf dem Flüsterschiff der Hitze.

Der Sommer ist gut. Eindeutig.

Du siehst aus wie ich mich fühle

Eines weiß ich ganz gewiss: wäre mein Hund bereits als fröhlicher, gut behüteter Welpe bei mir eingezogen, hätte er nahtlos die Nachfolge der handzahmen selbstlaufenden drei Vorgänger antreten können. Aus ihm wurde nur deshalb ein Höllenhund, weil Menschen, Umstände und andere Hunde ihn dazu machten. Gefahren, denen er schutzlos ausgeliefert war. Auch mit ein Beweis, dass es auf jeden Fall menschliches Eingreifen zum Wohl des eigenen Hundes bedarf, statt gelangweilt daherzuplappern „Die machen sich das eh untereinander aus!".

Schutzlosigkeit kann so tödlich sein wie ein Messer.

Klar machen sie, aber nur weil sie keine andere Wahl haben. Hätten sie aber, wenn ihr Mensch kein Durchschnittsvollpfosten wäre, der alles glaubt was er in der Märchenstunde aufgeschnappt hat. Jedoch hat alles einen Grund, jedenfalls möchte ich das gerne glauben. Es gibt genug Menschen auf diesem Planeten, die besser niemals auch nur in die Nähe eines Hundes gelassen werden dürften und sich dennoch Hundetrainer nennen. Denken Sie nur an den furchtbaren Hundetrainer in Deutschland, der einen Zögling zu Tode strangulierte und dennoch nur eine Geldbuße bekam, weil die Staatsanwältin ihm den Beruf nicht vermiesen wollte. Wie viele Hunde werden von solchen Typen als Red Zone und bissig eingestuft? Von brutalen Menschen ohne jegliche Ausbildung und Empathie, die scheinbar direkt aus der Hölle gesandt wurden und hier auf Erden Unheil anrichten dürfen ohne, dass das Karma endlich mit aller Macht zuschlägt?

Ich sprach mit vielen guten Trainern, Helfern, Adoptanten, Pflegern darüber und sie alle waren sich einig: Im Zwinger eingesperrt sieht ein Hund oft aus wie eine reißende Bestie. Holt man ihn da heraus (und zwar nicht mit Metallschlinge und Fangstab, sondern menschenwürdig) wird er augenblicklich zum traumatisierten Lamm, das einfach nur hilflos und liebesbedürftig eines will: endlich ein eigenes gutes Zuhause bei einem Menschen, der ihn versteht. Eigentlich logisch. Öffne den Kerker und der Gefangene wird dir sein Herz und sein Leben zu Füßen legen. Niemand wird nett und freundlich sein, wenn er auf ein paar Quadratmetern Beton in seiner eigenen Kacke auf eine ungewisse Zukunft oder gar den Tod blickt. Darum handeln Sie stets wie ein Krieger des Lichts, adoptieren Sie, statt beim Züchter zu kaufen, auch wenn es hart wird, denn es zahlt sich immer aus. Auch wenn sich seit der Hausübernahme durch den Höllenhund mein innerer Monk darauf beschränkte, der Dame des Hauses möglichst schonend beizubringen, dass der Hund wieder mal den Garten etwas umgestaltet hat, sich mit dem Popo gemütlich auf die Tulpen setzte und ihn als WC, Knochenkammer, Stimmübungsplatz oder

Katzengrasdepot zweckentfremdet hat. Wobei ich ohnehin an der Sinnhaftigkeit gepflegter Gärten zweifle, anders lässt es sich nicht erklären, dass der Hund lieber auf den harten kalten Steinen herumliegt und das feine Grün nur zum Weiden benutzt. Und auch das nur, um danach sofort zielstrebig ins Wohnzimmer zu laufen und sich auf den neuen Flokati zu erbrechen. Dinge, die sich mir wohl nie erschließen werden. Mein Tipp lautet: sollten Sie einen vierbeinigen Bagger Ihr Eigen nennen, machen Sie es doch wie ich! Mit ein paar gezielten Fußbewegungen kann ich die Erdhaufen mittlerweile bei fast jedem Wetter und auch ohne Kontaktlinsen blitzschnell in die ausgehobene Grube zurückbefördern, bevor die Gärtnerin einen hysterischen Anfall bekommt. Die frischen Gräber lassen sich dann sehr eloquent mit dem Satz abtun „Die Nachbarskatze, das Luder, wars!".

Das sind die Momente, die uns noch enger zusammenschweißen, den Hund und meine menschliche Wenigkeit. Wir verstehen, dass ohnehin nichts für die Ewigkeit bestimmt ist,

Stillstand den Tod oder wenigstens Langeweile verheißen kann. Und schließlich bedeutet gerade das Unvollkommene oft die größte Kunst. Die Kunst der Fuge blieb ebenfalls unvollendet. Und wer will sich nicht gerne mit Bach auf eine Stufe stellen! Unser Prinzip war klar: Aufbruch ins Ungewisse. Wir waren Piraten. Wir nahmen, was wir kriegen konnten und gaben nichts davon zurück. Und es war gut. Weil selbst mein innerer Monk weiß: Frieden muss friedlich erstritten werden. Und sei es nur ein neues Erdloch im Garten, der damals eher einer Wüstenlandschaft glich als einer Oase des Friedens. Es zählte aber immer nur eines: Der Hund soll sich wohlfühlen.

Wie heißt es so schön? Ganz gleich wie beschwerlich das Gestern war, stets kannst du im Heute von Neuem beginnen. Dazu brauchten wir nun nicht mal mehr umgraben. Und konnten unbeschwert die Samen der Vergangenheit, die doch angeblich die Früchte der Zukunft sein wollen, säen.

Staralküren

Richtige Stars haben richtige Extrawünsche. Mariah, (die mit dem Extra-h!) steht auf Luftbefeuchter und rote Flauschteppiche; falls sie mal schmerzende Füße hat, läßt sie sich eben tragen. Prince liebte seine Sauerstoffbar und schwarzes Interieur. Was Justin Spiegel ober dem Hotelbett sind, sind den Rockstars von Janes's Addiction (nein, ich kenne diese Gruppe auch nicht) frische Unterhosen, Backstage gelagert.

Was das mit meinem Höllenhund zu tun hat?

Er ist exzentrisch.

Nicht nur wenn es seine Betten betrifft.

Auch beim Essen betont seine ungarische Fürstlichkeit die edle Abstammung aus dem dreckigen Einzelzwinger in der ungarischen Pampa, wo Hunde wie er täglich ums nackte Überleben kämpfen. Er damals auch. Aber dennoch hat sein offensichtlich rockstarmäßiges Gemüt dadurch keinerlei Schaden genommen; mein Hund ist wählerisch und sehr schwer zufrieden zu stellen.

Vom Brot isst er nur das Scherzerl. Und bitte ohne Butter! Der Rest interessiert ihn nicht die Bohne. Herrli, kannste selber essen!

Die Kekse, auch nur eine ganz bestimmte Sorte, müssen in einer geraden Anordnung auf seinem eigenen kleinen Kekstisch geschlichtet liegen, damit sie genehm sind. In kleine, mundfeine Bissen von Hand gebrochen. Gegessen werden die aber immer nur nach dem Joghurt oder vor dem Abendessen.

Das Joghurt ist immer in einer weißen, aber nicht zu hohen Porzellanschale (auf der untersten Stiege abgestellt) zu reichen!

Spucken kann er übrigens wie ein Lama; ist ein Bissen, den ich ihm reiche, zu groß, spuckt er ihn in hohem Bogen wieder aus. (Übrigens, Lama ist das neue Einhorn!)

Im Auto kommt das ganz besonders gut, da diese winzigen Häppchen geradezu magnetisch in die Ritze zwischen Hartplastik und Handbremse fallen und dort nie wieder herausgeholt werden können, weder mit dem Pinsel noch mit dem Gewerbestaubsauger. Auch unter den Sitzen verstecken sie sich unstaubsaugbar gerne.

Dennoch muss man dem Paprikahund zugutehalten: fangen kann er die Bissen, auch wenn man sie ihm zwei Meter weit entfernt zuwirft. Ein echter Star eben!

Der Krebs Hund

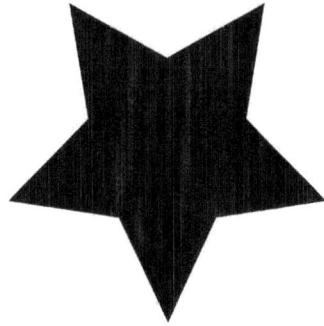

22. Juni bis 22. Juli
KREBS (CANCER)
Kardinalzeichen, Wasser
Herrscher: MOND
Kennworte: Häuslichkeit, Empfindsamkeit, Treue

Krebs Hunde sind sehr gefühlsbetont, ihr Beschützerinstinkt ist ausgeprägt. Unter ihrer manchmal rauen Schale verbirgt sich mit Sicherheit eine schüchterne, empfindsame, leicht verletzbare Hundeseele.

Nichts liebt der Krebs Hund mehr als die totale Sicherheit in seiner Familie. Für ihn ist die Hundewelt nicht vollkommen in Ordnung, kann er nicht seine ganze Beschützerfreude für seine Familie ausleben.

Ihr Krebs Hund ist voll guten Willens, stets liebenswürdig und aufgeschlossen, manchmal auch etwas melancholisch, introvertiert und zurückhaltend.

Um sich vor seelischem Verletztwerden zu schützen, (sollten Sie einmal zu forsch mit ihm gesprochen, ihn nicht gebührend gelobt haben, oder er zu wenig Zuwendung erhalten haben), zieht sich der Krebs Hund zurück, schmollt und sucht die Einsamkeit.

Krebs Hunde wollen ihre Lieben, also die gesamte Familie, voll und ganz für sich haben. Denn hat bei ihm einmal eine Liebe begonnen, wird sie niemals enden.

Mit Liebe und Freundlichkeit können Sie Ihren Krebs Hund leicht führen, setzen Sie ihn jedoch unter Druck, verharrt er regungslos, denn er lässt sich nicht gerne vorschreiben was zu tun ist.

Er möchte seine Aufgaben selbstständig lösen.

Krebs Hunde sind sinnlich, auch lieben sie gutes Essen.

Sportliche Höchstleistungen sind ihnen nicht unbedingt ein Anliegen, moderates Ausdauertraining kann dennoch Freude machen.

Krebs Hunde sind unterhaltsam, fröhlich und sorgen für Wohlbefinden und Harmonie. Sie sind gute Zuhörer und lieben es, im Mittelpunkt zu stehen und beachtet zu werden.

Der Krebs Hund genießt es, verwöhnt, geliebt, gestreichelt und gelobt zu werden.

Sein Motto lautet:

„Ich fühle".

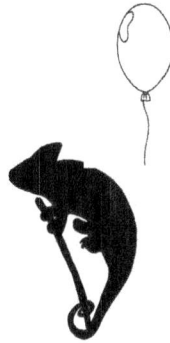

With a little help from Ikea

Höllenhunde sind meist hochsensibel; schon deshalb agieren sie nicht so verhaltensneutral wie andere Hunde. Tragen sie noch zusätzlich ein doppeltes Nordpolgen in sich, ist meist Schluss mit lustig, vor allem wenn es darum geht, wer den längeren Atem hat.

Sie mögen es vielleicht nicht glauben und auf den ersten Hingucker sieht es auch nicht so aus, aber lassen Sie es mich in beschönigende Worte fassen: der Mensch ist es sicher nicht. Den längeren Atem hat immer der Hund. Immer. Auch wenn es auf den ersten Blick nicht so scheint.

Der Mensch, der einen Nordpolhund seinen Freund nennt sollte von äußerst ausgeglichenem Gemüt sein und/oder möglichst immer eine Großpackung

Baldrianhochdosistabletten zur Hand haben, für sich, wohlgemerkt, nicht für den Hund.

Denn handelt es sich um einen eher nervösen Charakter wird das Ende ein eher unschönes sein. Für den nervösen Menschen, nicht für den Hund.

Schlittenhunde sind stur wie die Hölle. Wollen sie etwas nicht (oder schon) können sie es aussitzen, nötigenfalls stundenlang. Im Fall meines reizenden Exemplars bin ich sicher, er käme mit der Aussitznummer locker ins Buch der Rekorde.

Wir gehen manchmal beispielsweise nicht mehr freiwillig ins Haus hinein. Weil es nämlich draussen sehr viel lustiger ist, vor allem, wenn es biestig schneit, möglichst sehr kalt ist oder der Nordwind weht. Nordpol!, denkt der Höllenhund und sein diabolisches Feuer entzündet sich so schnell wie ein Anzündholz im Schwedenofen, vor dem ich bei Eskimowetter gerne sitzen würde. Wir haben so einen Schwedenofen. Wir brauchen aber kein Holz mehr zu kaufen, denn seit das Hündchen bei uns eingezogen ist wohnen wir lieber im kalten Haus.

Ungeheizte Räume, damit es sich wohl fühlt, das Tier. Das Hündchen wäre trotzdem lieber draußen im Garten und zwar Tag und Nacht. Also nicht, dass der Hund krank wäre oder je traumatische Erlebnisse im Haus hatte. Ich kann das beim Leben meiner Eltern beschwören, hatte er nicht. Er ist leider klug. Manchmal zu klug, denn er weiß ganz genau, wie er einen Spaziergang möglichst lange ausdehnen kann. Indem er seine besten Waffen gegen mich einsetzt. Nämlich seinen Dackelblick und seine 33 Kilo Lebendmasse, die sich dann einfach konsequent dagegen sträubt, dort hinzugehen, wo ich will. So kriegt er alles was er will. Er bleibt einfach plötzlich stehen. Ich kenne diesen Blick.

Gehe ich dann in die Richtung, in die er auch gehen möchte ist alles fein. Manierlich und ohne an der Leine zu zerren schreiten wir elegant voran. Gebe ich allerdings nicht nach, setzt er sich einfach hin. Ich könnte dann an seinem Brustgeschirr zerren, am Halsband ziehen, ich könnte ihn schubsen, locken, schieben, mit frischem

Ochsenziemer oder Schinken vor seiner Nase wackeln; ich könnte Qietschenten vor ihm fallen lassen, Bälle rollen oder sogar einen Hamburger vor seinen Schlund drapieren: Nichts geht mehr! Selbst wenn ich heftiger anziehe (so, dass er sich garantiert weh tut, weil er dann schreit, da ihm ohnehin die Knochen wehtun) bleibt er stur. Bis ich nachgebe. Denn wer fügt schon gerne seinem geliebten Hund Schmerzen zu. Ich jedenfalls nicht.

Dann gehen wir halt dahin, wo er will, solange wie er will und mir wird kalt und immer kälter und ich werde alt und immer älter, während er aufblüht, draußen im Freien, und ich ihn verwünsche und langsam verfalle. Jedenfalls kommt es mir manchmal so vor. Die Königsdisziplin dieses lustigen Spiels ist das Heimkommen. Er weiß, dann muss er wieder ins verhasste Haus, weil es ihn draußen im Garten nämlich zuschneien würde und ganz ehrlich, wer will das mit ansehen?

Darum bleibt er an schlechten Tagen einfach fünf Schritte vor der Haustüre stehen, wie einbetoniert.

Und da es sich leider nicht um ein Minihündchen handelt, welches man praktischerweise einfach hochhebt und nach Hause trägt, kommt man ins Schwitzen.

Zuerst wird man zornig. Fehler, großer Fehler! Leicht erzürnbare Personen sollten sich niemals einen Nordischen halten, ich rate dringend davon ab! Nur pure Buddhisten oder Jedimeister sollten diese Rasse wählen, möglichst irgendwo in Alaska. Oder Menschen, die mindestens immer einen Plan B oder C bei der Hand haben und zusätzlich sehr viel Zeit.

Ich gehöre zur zweiten Sorte Mensch. Wenn ich keinen Ausweg mehr sehe werde ich sehr schnell sehr schlecht gelaunt. Dann borstet der Hund noch mehr wider und setzt sich nicht fünf Schritte vor der Haustüre, sondern womöglich schon am Parkplatz nieder, um augenblicklich zur Sphinx zu erstarren. In ganz üblen Fällen wo mir schon die Augäpfel aus dem Gesicht quellen während ich freundlich säusle „Komm, Herzerl!", steigt er gar nicht erst aus dem

geliebten Auto aus sondern bleibt gleich im Auto
sitzen.

Plan B!

Ich sage nur: Haben Sie in so einem Fall immer
Plan B bei der Hand, egal wie der auch aussieht.
Alles geht, was gewaltfrei ist.

Bei uns war es das Einkaufsparadies für Familien,
welches die zündende Idee gab. Ich danke hiermit
hochoffiziell dem Erfinder der ewig haltbaren,
unzerstörbaren, robusten Ikea-Tasche. Ich grübelte
und grübelte was ich gegen die demenzhafte
Sturheit machen könnte um das innig geliebte
geschätzte Haustier, das manchmal eher an einen
Zombie oder den reinkarnierten Dexter erinnert, ins
Haus zu bekommen.

Tata! Zu Ikea gebraust, eine 4 Euro Plastiktasche
erstanden, in diese vier Löcher geschnitten und drei
Riemen angenäht und das Problem war gelöst.
Vielleicht nicht so elegant wie mit dem 300 Euro
Tragegurt-Geschirr für Polizeihunde aber dafür
genauso hilfreich. Den überraschten sturen Hund

dezent und fröhlich probeweise in diese Tragehilfe verfrachtet und kurz damit geprobt, dann belohnt und wieder ausgepackt und fertig war Plan B.

Als er es wieder vor der Haustüre aussitzen wollte, holte ich flugs die Tasche und dann hob ich das Höllentier an drei Riemen hoch, seine vier aus den Löchern herausschauenden Füßlein konnten freiwillig mittrippeln oder es bleiben lassen.

Schon ging es sekundenschnell ab nach Hause. Wo man mich empört mit Verachtung strafte. Damit kann ich aber leben, denn drinnen ist es zwar nicht wohlig warm, aber ich habe wenigstens Tee und Kuchen. Und einen Hund, der unverletzt in Sicherheit gebracht werden kann, dank dieser Self-Made Tasche.

Dies ist bitte keine Tierquälerei, denn der Hund verbringt keine drei Minuten in der Tasche und ich zippe sie ja auch nicht zu. Er wird nur dorthin befördert, wo man ihn haben will, ohne ihn zu stressen und ohne ihm weh zu tun. Kann auch ganz hilfreich sein, falls er verletzt irgendwo liegt, denn heben Sie mal einen 33 Kilo schweren Vierbeiner alleine auf. Das ist so gut wie unmöglich. Mit dieser Tasche kann ihn aber auch eine zarte Frauensperson auf kurzer Strecke problemlos transportieren.

Der Hund, im Haus angekommen, zeigt keinerlei Abwehrreaktionen, er steht brav da und lässt sich wie ein Lamm in die Tasche verpacken und auch aus ihr herausschälen, während ich ihn lobe. (Was ihm ebenfalls egal ist.)

Nur die Nachbarn, vor deren Küchenfenster ich mit dem Taschenwolf vorbei muss, sehen mich seither befremdlich an. Gesagt haben sie aber nichts, genauso wenig wie der Höllenhund. Der allerdings deshalb, weil er ganz sicher weiß, dass ich wirklich die allerletzte Instanz bin, die ihm immer die Stange hält, bei all seinen Marotten.

Jeder andere hätte schon längst das Handtuch geschmissen. Ich aber liebe die Herausforderung, genauso wie ihn.

Der Löwe Hund

23. Juli bis 22. August
LÖWE (LEO)
Festes Zeichen, Feuer
Herrscher, SONNE
Kennworte: Vitalität, Autorität, Macht

Der Löwe Hund ist großmütig und besitzt stolze Gefühle. Er steht gerne im Scheinwerferlicht und genießt große Auftritte.

Sind Sie Besitzer eines Löwe Hundes, sollten Sie vorsichtig und taktvoll mit ihm umgehen, denn er ist sich seiner Würde bewusst und hält auch seine einmal gefasste Meinung für nicht antastbar. Ist er doch seiner Wirkung, die er auf andere macht, bewusst.

Der Löwe Hund hat einen ausgeprägten Sinn für Dramatik, sodass die vornehme Rolle, die er spielt, für ihn zu seiner eigenen Wirklichkeit wird. Trotzdem ist er praktisch veranlagt, mutig und verwegen und strotzt vor Vitalität.

Seine überschäumende Lebenskraft lässt ihn jedoch manchmal übers Ziel hinausschießen. Selbstvertrauen wird zu Selbstüberschätzung, Stolz zu Arroganz und Eifer zu Maßlosigkeit.

Laufen zählt zu den Hobbys Ihres Löwe Hundes, Sie sollten also darauf achten, Ihre körperliche Fitness der Ihres charmanten Löwe Hundes anzupassen.

Ihr Löwe Hund besitzt gute Beschützerinstinkte und ist stets bereit, für seine Familie die Verantwortung zu übernehmen.

Haben Sie das Herz Ihres Löwe Hundes einmal erobert, gewinnen Sie einen liebevollen und warmherzigen Partner.

Sein Motto lautet: „Ich will!".

Inselbegabung

Vielleicht kennen Sie den Begriff; er betrifft die manchmal außergewöhnliche Begabung an Autismus erkrankter Personen. Man denke nur an den großartigen Dustin Hoffman in Rain Man: Karten zählen im Casino, dafür Licht aus um Zehn! Solche besonderen Fähigkeiten machen autistische Menschen manchmal aus.

Eine sehr liebe Facebook Freundin nennt das zu ihr gehörende Exemplar von Höllenhund gerne autistisch und ganz ehrlich, ich kann das voll und ganz nachvollziehen.

Mit kleinen Einschränkungen vielleicht, da sich unsere von Autismus gekennzeichneten Tiere doch meist nur mit zwei statt mit drei typischen Kennzeichen auszeichnen.

Ersteres bedeutet mehr oder weniger massive Probleme im sozialen Umgang mit anderen Hunden.

Das kann ich so einhundertprozentig bestätigen.

Zweiteres wären da die stark eingeschränkten Interessen mit stereotypen, sich ständig wiederholenden Verhaltensweisen.

Auch da stimme ich voll zu.

Auffälligkeiten bei der Kommunikation sehe ich hingegen bei meinem Höllenhund nicht, er kommuniziert immer glasklar was er möchte. Und erst recht, was er nicht möchte.

(Das betrifft sowohl die sprachliche als auch die nicht-sprachliche Verständigung.)

Neulich habe ich seinetwegen eine Wette verloren. Ich habe noch nie so gerne verloren, ich schwöre! Die Dame des Hauses, die sehr gerne mit mir Wetten abschließt (dies aus gutem Grund, denn ich verliere immer) motivierte mich zu einer Kaffeewette. Ich ließ mich überreden, weil ich mir manchmal einbilde meinen Hund sehr gut zu kennen und sein Verhalten in vielen Belangen völlig zu durchschauen. Hochmut kommt bekanntlich vor dem Fall; ich schlug ein und, Sie ahnen es bereits, ich verlor natürlich.

Es ging um nichts Besonderes, nur darum, ob der reizende Hund nach einem Spaziergang bei Minusgraden freiwillig ins Haus geht oder eben nicht. (Eben nicht heißt dann nochmal über versalzene Straßen zu stolpern, immer seiner Nase nach, den ganzen weiten Weg, den man eben mühsam zurückgelegt hat, nochmal zu laufen, denn wenn er halbwegs müde ist, der Hund, ist er hauskompatibler.)

Ich latschte also die Strecke hundsmüde und halb erfroren brav ab, umschiffte sämtliche Gefahrenquellen wie vorbeifahrende Lkw und plötzlich vorhandene diverse unangeleinte Artgenossen. Und schwor Stein und Bein, dass der gute Hund auch diesmal noch gerne eine kleine Zusatzrunde machen würde. Weil wenn es besonders widerlich schneit, stürmt oder andere wetterliche Unbillen draußen hat macht er besonders gerne lang hin.

Halt, hier noch mal extralang stehenbleiben und ausgiebig riechen. Dabei vielleicht noch verkehrt rum in die Dornen kriechen und dann schnell da raus, während die Zweige ins menschliche Antlitz zurückschnalzen. Und nochmal drei Schritte retour, dort war eventuell noch die fesche Hündin, die gerade läufig ist und er muss da auf jeden Fall noch dringend hin, obwohl er kastriert ist.

Und da noch rüber, hier noch gucken während Herrchen schon die Nase abfriert. Na und? Juhu, es ist saukalt und man ist doch ein Schlittenhund!

Wer so dramatisch an fixen Gewohnheiten festhält, so richtig mit Akribie und Tücke, den kann man doch getrost benutzen, um eine Wette zu gewinnen? Oder?

Hundert Mal bockt der Hund, wenn's ums Heimgehen geht. Wenn aber die Wette gilt, geht er klarerweise sanft wie ein Lämmchen nach Hause.

Engelsgleich schreitet er über die Türschwelle und geht unschuldig Wasser trinken.

Das ergibt dann auch Erklärungsbedarf bei den Wettenden. Funktioniert dieses Muster auch bei der nächsten Wette wieder? Weil ich gerne bei arktischem Wetter jedes Mal fünf Euro zahle, damit der Hund freundlicherweise zügig unser Haus betritt.

Und drei Mal dürfen Sie raten. Es klappt natürlich nicht.

Hamkummst!

Der Jungfrau Hund

23. August bis 23. Septei
JUNGFRAU (VIRGO)
Bewegliches Zeichen, Erde
Herrscher: MERKUR
Kennworte: Unterscheidungsvermögen,
Ordnungssinn, Dienstleistung

Der Jungfrau Hund ist stets auf der Suche nach Wissen, um die Materie der Kontrolle des Geistes unterzuordnen.

Er verrichtet seine Arbeiten mit peinlicher Sorgfalt, schenkt jedem Detail große Aufmerksamkeit und arbeitet gründlich sowie genau.

Betätigt er sich im Garten, bleibt keine Pflanze dort, wo sie einmal war. Der Jungfrau Hund schafft gerne die Ordnung, die seinem Sinne entspricht.

Übergenauigkeit und peinliche Sorgfalt können bisweilen recht anstrengend für seine Familie sein.

Ihr Jungfrau Hund liebt lange Spaziergänge sowie behaglich dösend vor dem Kamin zu liegen.

Der Jungfrau Hund lehnt jede Art von künstlicher Nahrung ab. Er liebt es zu schlemmen!

Ist er jedoch verärgert und in seelischer Not, weil er sich nicht genug anerkannt fühlt, kann sich Essen für ihn als schädlich erweisen.

Ihr Jungfrau Hund schätzt Bequemlichkeit und schicke Kleidung, prinzipiell sollten Sie ihm nur teure Markenartikel schenken. Ist er sich doch seines guten Aussehens bewusst.

Innere Ruhe und Gelassenheit gepaart mit Intelligenz und Sorgfalt schaffen die besten Voraussetzungen für ein ausgeglichenes Leben mit Ihrem Jungfrau Hund.

Er ist der ideale Begleiter in jeder Lebenslage.

Unter der vorsichtigen Oberfläche Ihres Jungfrau Hundes schlummert eine zärtliche und romantische Seele.

„Bis dass der Tod uns scheidet", ist für Ihren Jungfrau Hund keine leere Formel.

Typisch sein Motto: „Ich analysiere".

Friss oder stirb!

Überredungskünstler, manche nennen sie auch Gurus, Coaches oder Flüsterer, sind menschliche Influencer, die das tierische Gegenüber dazu bringen, Dinge zu tun, die es sonst garantiert nicht tun würde. Das Thema Essen fällt mitunter in diesen Bereich, jedenfalls in unserem ehrenwerten Haus.

Wenn Sie jetzt denken, der Hund stiehlt Essen sobald es irgendwo in Sichtweite liegt, dann liegen Sie falsch. Leider. Wie habe ich es bei dem Vorgänger des Höllenhundes geschätzt, dieses gerne Fressen! Der Vorgängerhund liebte es zu Essen, egal was es war, er stand parat, ob Apfel, Banane oder Kaffee in der Tasse, Meisenknödel oder Müll aus dem Abfall, nichts war vor ihm sicher. Wir mussten Küchenschränke höherlegen und

Schranktüren hundesicher versperren, durften nicht mal ein Stück alte Brotrinde in einem Plastiksack herumliegen lassen, sonst war beides ganz sicher für immer im Hundeinneren verschwunden.

Und dann kam Kleiner Wolf und mit ihm zog ein futterverachtendes Ungeheuer der Sonderklasse ein. Er frisst einfach nicht gerne.

Als er einzog war er recht rundlich, nach vier Jahren Außenzwinger ohne ausreichende Bewegung. Ich dachte noch: Na bumm, der Hund frisst sicher gerne bei dieser viereckigen Figur. So kann man sich täuschen. Er frass gar nicht. Was habe ich ihm nicht alles vor die Nase gestellt in diesen ersten Wochen nach seiner Ankunft. Es gab nichts, was ich nicht angeschleppt hätte an Hundenahrung und Menschennahrung. Er aber wollte nichts davon. Weder Trocken- noch Nassfutter noch Hausmannskost, weder Fisch noch Fleisch, weder Brot noch Kuchen. Keine Hundekekse, keine Hundeschokolade, keine Buttersemmeln, keine

Schinkenbrote, auch keine Leberwurst, weder für Menschen noch für Hunde. Gar nichts.

Ich dachte ich träume. Ich warf das meiste davon unangetastet wieder in den Müll und kontaktierte das ungarische Tierheim, wo man mir versicherte, der Hund habe dort in Hühnersuppe eingeweichtes Royal Canin Trockenfutter mit großer Freude gefressen. Aha. Mit großer Freude. Aber sicher. Nachsatz: Allerdings erst am Abend. Er ließ also sein Essen den ganzen Tag dort im dreckigen Zwinger herumstehen, was hieß, im Sommer waren bereits Fliegen darin, im Winter war es gefroren? Es sah ganz so aus. Und ich begab mich auf die Suche nach einer Essensquelle, die ihn satt machte und gleichzeitig auch Fresstechnisch überzeugte.

Allein, es war schwierig. Und das ist bis heute noch so, nach fast sieben Jahren. Der Hund frisst einfach nicht gerne. Solche Exemplare gibt es. Jeder, der einen ewig gefräßigen Müllschlucker-Labrador sein Eigen nennt, sollte dafür unendlich dankbar sein.

Unserer fraß weder mit zuwerfen noch mit zureden und auch nicht aus der Hand.

Weder aus Keramik- noch aus Plastik- noch aus Metallnäpfen, auch nicht von Tellern oder Schalen, weder aus erhöhten Näpfen noch im Liegen, Stehen oder Sitzen. Auch nicht im Bett. Er steht einfach nicht auf Essen. Dadurch ist er auch nicht bestechlich, weder für Sitz noch für Bleib und schon gar nicht, um ihn zu beruhigen, abzulenken oder zu belohnen.

Tabletteneingabe ist die Königsdisziplin. Ich sage nur: Chicken McNuggets, aus der Panier gepuhlt, oder Hamburger! Darunter geht bei Tabletten gar nichts in den Hund hinein, auch keine extra teuren, für andere Hunde schmackhaften Tabletten. Nada.

Ich las in diversen klugen Zeitungen, diese von der Sorte, wo Hundehalsbandhersteller über Heilkräuter schwafeln, dass man den ungerne fressenden Vierbeiner durch Zugabe von Hefepulver ins Essen überreden könne. Mir kamen die Tränen vor Lachen. Na sicher! Wer denkt sich sowas aus!

Andere streuten Parmesan übers Futter, pampten Nass- über Trockenfutter oder ähnliche Scherze. Das mag ja vielleicht bei anderen Hunden klappen.

Nicht beim Höllenhund. Wir brauchen mindestens einen Animateur dazu. Dieser bin ich. Ich überliste ihn mit der Futterneidmasche. Dazu springe ich, meist auf der Terrasse, vor dem Hund auf und ab und werfe symbolisch händchenvoll sein Futter Richtung Tannenbaum, wo drei Krähen und sieben bis acht Eichkätzchen wohnen. (Die Eichkatzen werden oft nachts vom Nachbarsmarder heimgesucht, deshalb sind es manchmal deutlich weniger an der Zahl.)

Dabei rufe ich theatralisch „Dann frisst es halt das Eichkatzi/das Vogi/der Fuchs/das Mausi!" in Richtung Baum. Der Hund denkt dann sowas in der Art wie „Lieber den Magen verrenken als dem Eickatzi/Vogi/Fuchs/Mausi was schenken" und beginnt zu fressen. Manchmal. Natürlich nur zögerlich und auch nur dann, wenn ich seine

Trockenfutterkügelchen vorher einzeln in etwas Hüttenkäse tupfe.

Sein gekochtes Hühnchen frisst er lieber, wenn man es köttbullarmäßig zu Kügelchen formt und dann in der hohlen Hand vor seiner geschätzten Nase damit herumwedelt. Tut man das nicht, bleibt der volle Napf stehen bis die Fliegen darin ihre Eier ablegen. Und das will ich nicht. Oder er steht vor der gefüllten Futterschüssel, schaut angewidert hinein und fängt an, fünf Minuten am Seitenrand die Schüssel mit der Zunge zu waschen. Ein Tick? Ich weiß es nicht. Die Köttbullar-Methode hat dagegen jedenfalls geholfen. Rohes Fleisch mag er weder als Steak noch als sonst was, an hohen Festtagen frisst er es in winzig kleine Fetzen gerissen direkt aus der Verpackung und auch nur dann, wenn er dabei gerade andere Fressfeinde im Auto vorbeiziehen sieht. Sie wissen schon: „Dann frisst es eben das andere Hundi!". Abhilfe schuf die Anfütterung durch Pasteten aller Art sowie Naturjoghurt. Denn ist er endlich im Fress-Modus geht auch an guten Tagen der Rest des Futters von selbst. Ansonsten, in Stand by- Modus, muss ich ihn eben zum Essen animieren. Was aber nicht weiter auffällt. Denn ich animiere ihn ja auch zum Trinken, wie Sie bereits wissen.

Und jetzt lachen Sie ruhig.

Nicht zu fressen bringt nämlich den Stoffwechsel gehörig durcheinander, weshalb es mir lieber ist, mich zum Affen zu machen als meinen Hund nachhaltig zu schrotten. Im Übrigen findet er Omeletts ganz toll, Kuchen geht auch fast immer, außer bei Bestechungsversuchen, die ich aber ohnehin in Woche Zwei bereits für immer verworfen habe.

Schläft ein Lied in allen Dingen und Musik hält uns gesund, verzweifelt bin ich also nie. Ich bin kreativ. Auf Technik muss nicht immer Pädagogik folgen, ich bin genervt von „Das muss so und so sein und nicht anders!". An manchen Tagen stehen drei Teller mit verschiedenen Gerichten und Beilagen parat. Er kann dann wählen.

Bei uns läuft das halt so ab wie eben beschrieben und es ist gut, weil es anders gar nicht möglich wäre. Essen ist für den Höllenhund so interessant wie Breitmaulfrösche und Einkaufshilfen für mich. C'est la vie!

Er ist Gärtner und Unruhestifter, Rebell und Gourmet und einer, der in schlammigen stinkenden Wiesen die einzige gammelige Schweineschwarte findet und gierig hinunterwürgt ohne mit der Wimper zu zucken oder dabei stehen zu bleiben. Im Winter frass er mal ein Stück Baustellenschutt, das er im Eis ausgegraben hat. Von mir hat er das nicht!

Einer, der sein Steak nur widerwillig hinunterwürgt sobald Nudeln oder Reis als Beilage aufgetischt werden oder es nicht medium genug durch ist hält wenigstens seine Figur. Das ist von Vorteil, wenn Sie mich fragen, denn dieser Hund wird niemals fett, bei diesen Marotten.

Essenstechnisch ist er fast so schlimm wie ich, denn ich rühre auch keinen Apfelstrudel an sobald ich eine Rosine darin entdeckt habe.

Ein Bund Hadern, wie man auf Wienerisch sagt oder, für meine deutschen Freunde: Der Apfel fällt nicht weit vom Stamm.

I love my dog, but...

Es ist jetzt modern, will man mit der Zeit gehen, sich vor Publikum auf You Tube oder egal in welchen Sozialen Netzwerken auch immer so in Szene zu setzen, dass man als prominenter Mensch (egal ob A, B oder C-Promi) etwas menschlicher wirkt.

Dazu breitet man sein gesamtes Leben auf einem öffentlichen Teppich aus und zeigt sich verletzlich, man schwelgt sogar in seinen Fehlern, posiert als Humanoide, dem auch mal was schieflaufen darf. Oder so. Fans mögen das.

Frei interpretiert heißt das eigentlich man nimmt den Paparazzi den Job weg. Ich habe mich jetzt nicht wirklich hineingekniet in die Materie, aber ich las darüber, dass es Hollywoods neueste Masche ist, so zu tun als ob.

Ich habe es da besser. Ich bin nicht prominent, der Einzige, der mich auf der Straße wiedererkennt, ist höchstwahrscheinlich der Gärtner, mit dem ich mich neulich gefetzt hatte. Natürlich wegen meinem Hund. Der wieder bösen Durchfall hatte, wegen dem ewigen leidigen Salz, das auch vier Wochen nach der Ein-Zentimeter-Schnee-Attacke auf Wien noch in drei Zentimeter hohen Schichten auf allen Straßen herumlag, unwegkehrbar, hoch giftig und natürlich war auch kein Tropfen Regen in Sicht, wenn man ihn mal brauchte.

Es handelte sich um diese Sorte Durchfall wo die Hand des Menschen nicht mal mehr rechtzeitig in die Kottüte fahren kann, selbst wenn sie geübt ist.

Hinten aus dem geliebten Hund schießt es raus und dann ist Schluß mit lustig! Gack-Sack-Pack oder wie man den Spaß sonst noch nennt hat keine Chance gegen die Natur, die von sich geben will, was dringend raus muss.

Ich bückte mich also gerade auf einem kargen Wiesenstück gegenüber des reichen Gärtners Haus um jede Menge flüssiges Hunde-AA einzutüten. Eigentlich ist es eine Villa, denn er ist auch Friedhofsgärtner und wie wir alle wissen, zahlen die Hinterbliebenen gerne und gut für sinnlose hässliche überteuerte Kränze, die ohnehin keiner mehr braucht, schon gar nicht der Verblichene. Eine Unsitte, die wirklich abgeschafft gehört, wenn Sie mich fragen.

Der Hund pfiff also los und ich kam kaum hinterher mit wegräumen und dann quoll das Säckchen über und wenn Sie je das zweifelhafte Vergnügen hatten, hochgradigen Hundedünnpfiff einzusammeln und das hinter einem Hund, der ständig zwei Schritte macht und dann wieder und wieder etwas aus seinem Hinterteil fallen oder rinnen lässt- naja, ich denke, Sie wissen, was ich meine. Es ist nicht lustig.

Irgendwann geht es dann über, das Säckchen. Und Ihre Hand ist voll, in der andern verkrampfen sich die klammen Finger um die Leine. Just in dem Moment, wo ich drauf geschissen habe die

Scheisse von der dreckigen Wiese zu kratzen, weil sie mir bereits quer über das Handgelenk rann und auch schon aus dem übervollen Sack, kam der Gärtner mit einem Grabbukett aus seiner Villa.

Er warf den Kranz in seinen Kübelwagen und stapfte über die Gasse Richtung Wiese, seiner Wiese, wie er wohl annahm, obwohl es eine öffentliche Wiese ist, dreckig und zugemüllt von menschlichem Unrat. Aber nun. Er schrie mich an: „Du da nie wieder herkommen, wenn du nicht entsorgst Scheisse von Köter!" und zückte sein Handy.

Ich, ohnehin zermürbt, verfroren und mit einer eingekoteten Hand nicht sonderlich gut gelaunt, blieb stehen. Ein Wort ergab das andere. Er schritt zu Tat und fotografierte mich und mein Auto, schrie herum, während ich mit dem übervollen Kackbeutel vor seinem Gesicht herumfuchtelte und so tat, als würde ich das Ding direkt in seinen Lieferwagen werfen.

Der Höllenhund machte das was man von einem Höllenhund am wenigsten erwartete: er tat gar nichts. Er stand nur stumm und kastriert herum und leckte irgendwo konzentriert an einem Grasfleck wo eine läufige Hündin markiert hatte. Selbstgefällig und in sich ruhend ignorierte er unser Tourette-Geplärr und speichelte lüstern vor sich hin. So als ob ihn das nichts anginge. Pretend being top dog! So macht das der echte Alpha, er lässt die anderen toben und hält sich erst mal gepflegt raus.

Ich riss dem Flegel das Handy aus den Pratzen, er riss es wieder an sich. Kurz überlegte ich, ob ich dem reichen Sack den vollen Beutel ins Auto werfen sollte, dann hielt ich inne und griff meinerseits zum Mobiltelefon. Das klingt jetzt sehr elegant.

In Wahrheit wühlte ich übererregt mit der freien Kackhand in meinen Taschen herum, weil man das Handy nie findet wenn man es wirklich braucht. Es war kein eleganter Anblick. Der Hund leckte weiter entspannt am Gras herum. Er, den sonst das

Geräusch des heranwachsenden Grases wie angestochen toben lässt war die Ruhe selbst.

Wir Menschen schrien herum. Fenster öffneten sich und schlossen sich wieder. Nachdem der Gärtner dort wohnte nahm ich mal an, dass sich niemand auf meine Seite stellen würde, schon wegen der guten Nachbarschaft nicht. Und so war es dann auch. Fenster schlossen sich wieder. Wir stritten weiter.

„Bitte recht freundlich", sagte ich, als ich endlich das Handy gefunden und auf ihn gerichtet hatte, während meine braune Hand den vollen Kackbeutel umklammerte, die Leine hielt und auch den Gärtner festhielt, in Wort und Bild.

Da verschwand er plötzlich mit den Worten „Du dich lassen nie wieder hier blicken mit Hund!", und brauste mit Lieferwagen und Kränzen davon.

Nun ja. Ich schritt zur Tat, neben seiner Gärtnervilla befindet sich auch seine Blumenhandlung.
Rauschte hinein, stellte den Verkäufer zur Rede, ob er den Mann kennt, der mich aggressiv bedroht und

fotografiert hatte. Der verneinte. Bis er das Foto sah und auch das Filmchen. Oh, sagte er, und plötzlich erinnerte er sich dann doch wieder, „Das ist ja Papa!".

Dass ich dort nicht mehr einkaufe, versteht sich wohl von selbst. Papa könne übrigens gar nicht mit Handy umgehen, meinte der Junior-Kranzwinder der Firma W. in 1130 Wien statt einer Entschuldigung.

Ich ging zum Auto wo Kleiner Wolf bereits geduldig ausharrte.

Sollten Sie mich also demnächst in den unendlichen Weiten des Internets irgendwo auf einem Foto Kotbeutelchen schwingend wiedererkennen, wissen Sie nun warum: Pretend being freundlich zu Hundehasser.

Nicht die leichteste Übung. Dennoch, ich habe sie absolviert. Denn es ist so: I love my dog, but…

Sie können nun gerne mitspielen! Es befreit und macht Spaß. Und für Kleiner Wolf mache ich mich

immer wieder gerne zum Affen. Aber das wissen
Sie ja sicher schon.

Der Waage Hund

23. September bis 22. Oktober
WAAGE (LIBRA)
Kardinalzeichen, Luft
Herrscher: VENUS
Kennworte: Harmonie, Kameradschaft,
Gleichgewicht

Das Zeichen Waage wird von der Venus regiert, die dem Waage Hund Charme und Anmut verleiht, gepaart mit dem großen Wunsch nach Beliebtheit und Anerkennung.

Da die Waage ein Kardinalzeichen ist, sind Waage Hunde gegenwartsbezogen und unternehmungs-freudig. Doch suchen sie für ihre Aktivitäten meist die Mitarbeit anderer. Gesellschaftliche Beziehungen und Kontakte sind typisch für Waage Hunde. Sie streben unermüdlich nach Harmonie und Gleichgewicht, streiten ungern und sind diplomatisch im Umgang mit ihrem Herrchen oder Frauchen.

Ihr starkes Bedürfnis nach Unabhängigkeit ist gepaart mit einem ebenso großen Anpassungsvermögen.

Kultiviert, gebildet und wissbegierig gelingt es dem charmanten Waage Hund leicht, Freunde zu finden. Waage Hunde können gut zuhören und dabei den komplexesten Problemen auf den Grund gehen.

Waage Hunde können auch manchmal ganz schön selbstverliebt sein. Koketterie und Launenhaftigkeit stören die Ausgeglichenheit mitunter empfindlich.

Eigensinn und ein beinahe kindisches Verlangen nach Zuneigung können Herrchen oder Frauchen des Waage Hundes das Leben ziemlich schwer machen. Bei Spaß und Spiel bleibt dem Waage Hund noch genügend Zeit zum Flirten, Bezaubern und Charmieren.

Wer seinen Waage Hund liebt, bewundert ihn, macht ihm Komplimente und bringt immer Geschenke mit.

Ein Waage Hund ist treu und in Liebe ergeben bis an sein Lebensende. Typisch für den Waage Hund: "Ich gleiche aus".

Der Wasseranimateur

Vielleicht denken Sie nun, mein Hund plantscht gerne im Wasser herum oder ist einer, der jede Schwimmgelegenheit nutzt und sei es auch nur eine kurze erfrischende Schlammpackung in einer möglichst tiefen Pfütze.

Weit gefehlt. Der Hund hasst Wasser, sobald es vom Himmel fällt oder aus dem Gartenschlauch kommt, ist er eine Wolke, die sich in Sicherheit gebracht hat. Ins Trockene. Wasser ist nicht sein Element und ehrlich, meines ist es auch nicht.

Seit aber bei dem Höllenhund die unabänderliche Diagnose Gries in der Blase festgestellt wurde und ihm widerliche Calciumoxalatkristalle das Leben erschweren, brennt der Hut. Was brennt muss gelöscht werden.

Mein Hund gehört zum Glück zu der Sorte der Vieltrinker. Was einen enormen Vorteil bedeutet im Fall dieser Diagnose. Denn aus Kristallen wird Gries, aus Gries werden Steine und aus Steinen ein Notfall, der flugs eine Operation benötigt, denn wenn so ein Stein die harnableitenden Wege verstopft, ist der Hund schneller im Jenseits als man schauen kann, ob er noch atmet.

Das will natürlich keiner.

Um das abzuwenden muss nun auf den Ph-Wert des Hundeharns geachtet werde, er darf bestimmte Dinge, die er gerne frisst, nicht mehr essen. Was bei dieser Sorte Hund, die ohnehin schon schlecht frisst, eine riesige Herausforderung darstellt.

Zusätzlich muss darauf geachtet werden, dass der Vierbeiner viel trinkt.

Und nun komme ich ins Spiel. Ich bin der Wasseranimateur. Ich habe dem Hund schon seit dem ersten Tag bei uns angewöhnt, nach jedem Spaziergang, nach jedem Spiel, nach jeder Autofahrt zu trinken. Dies geht hervorragend indem man sofort nach dem Einsteigen ins Auto dem Lieblingstier seine gewohnte Schale mit frischem wohltemperierten Wasser unter die Nase hält. Wasser, welches man in Plastikflaschen frisch abgefüllt mitführt. Es regt den Hund an, animiert durch lustige Wasserspiele mit dem Finger, bei denen ganz sicher alle Personen im Auto geduscht werden, zu trinken. Feines Trinki, sagt man dann. Mein Hund trinkt aus einer vorzugsweise hellblauen Schale, immer in zwei Etappen.

Trinken, schauen, nachfüllen, trinken, schauen, spucken. Dabei steht er auf seiner ausgebauten Rücksitzbank mit dem Kopf zwischen den Vordersitzen und beobachtet die Gegend ganz genau, auch während er trinkt. Könnte doch einer daherkommen, den er dabei übersieht, nur wegen der Wasserschlemperei! Also, Augen aufreissen und saufen!

Nach jedem Keksi, nach jeder Buttersemmel wird der Hund zum Trinken animiert. Sein Joghurt wird auch stark verwässert, was ihn nicht stört, solange es nach Joghurt schmeckt.

So geht das!

Man hält sich als tierischer Patient einen hauseigenen Wassercoach, der einen zum Vieltrinken in allen möglichen und unmöglichen Lagen auffordert. Klappt ganz gut, auch die Nierenwerte vom Höllenhund freuen sich darüber.

Und wir haben dadurch immer feuchte Luft im Auto, was die Gesichtshaut der Dame des Hauses erfrischt und hydriert, während ihr im Winter oft die Gesichtszüge kurzfristig entgleisen, weil das Wasser vom Hundi gerne an der Autoscheibe anfriert oder herzige Flecken auf der frischen Bluse macht.

Wie sagte sie aber neulich so passend zu mir: „Er kann machen   was er will, Hauptsache er ist gesund.".

Recht sie hat.

Der Skorpion Hund

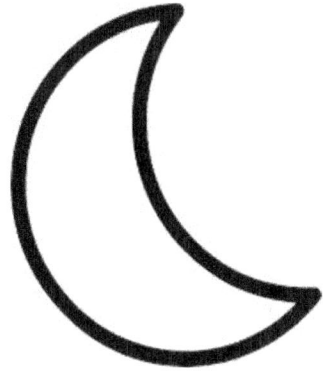

24. Oktober bis 22. November
SKORPION (SCORPIO)
Festes Zeichen, Wasser
Herrscher: PLUTO und MARS
Kennworte: Regeneration, Findigkeit,
Verschwiegenheit

Der Skorpion Hund wird von Mars und Pluto

beherrscht. Mutig und entschlossen verfolgt er

seine Ziele, auch wenn die Wurst noch so hoch

hängt, denn sein Motto heißt „Ganz oder gar nicht".

Der Skorpion Hund verfügt über Kraft und

Willensstärke.

Er kann sein Herrchen oder Frauchen

durchschauen und lässt sich kaum überlisten, wenn

es darum geht, ihn zuhause zu lassen, denn der

Skorpion Hund liebt es, zu reisen, natürlich bequem

zu reisen.

In Gesellschaft zieht er es vor, strahlender Mittelpunkt zu sein.

Er ist ein leidenschaftlicher Liebhaber. Gerät diese Liebesglut außer Kontrolle, kann er sehr eifersüchtig sein.

Der Skorpion Hund ist meist robust und kräftig. Es drängt ihn, den Dingen immer auf den Grund zu gehen und den Kern der Sache zu erfassen.

Bringen Sie also stets Leckereien mit und lassen Sie den Skorpion Hund unaufgefordert in Taschen und Päckchen nach Überraschungen nachsehen.

Das hält ihn bei Laune, bereitet ihm große Freude und Zufriedenheit sowie den Glauben, in seiner Familie der Boss zu sein.

Sein Leitsatz ist:

„Ich begehre".

Bängerang!

Über sechs lange Jahre haben wir daran gebastelt
anderen Hunden, Menschen, Fahrrädern und Autos
mehr oder weniger erfolgreich auszuweichen. Wir
machten Bögen, liefen Spalier oder oft davon,
schickten menschliche Späher, fuhren mit dem Auto
absichernd neben dem Hund und mir her,
versteckten uns hinter parkenden Fahrzeugen und
setzten Nachbarn und Freunde ein, um an
Straßenecken vorauszueilend freilaufende
hündische Kollegen zuerst zu entdecken und deren
Besitzer zum Anleinen zu animieren.

Dann gingen wir ins verflixte siebte Jahr.

Von einem Tag auf den anderen machte es
Bängerang!, und völlig unerwartet gleich wie total
unverhofft geschah das Wunder: Der Hund wurde
tiefenentspannt. Mein Hund, der Höllenhund!

Es kam mir so vor, als hätte man ihn über Nacht ausgetauscht und mir dafür heimlich einen anderen ins Haus gesetzt, einen mit dem gleichen Aussehen aber einer höflichen, alltagstauglichen Gesinnung.

Plötzlich, von einer Stunde auf die andere, konnte mein Hund problemlos an fremden Menschen vorbeigehen. Er steckte die Nase lieber ins hohe Gras um am Wegrand Spuren zu sichern, anstatt in die Leine zu springen und wie irre zu bellen. Er ließ sich sogar von Fremden herzen und liebkosen, Besuche waren im eigenen Haus wieder möglich, Fahrräder, Einkaufswägen und Uniformen kein Thema mehr.

Ich stand da, fassungslos und sprachlos.

Unglaublicherweise konnten wir von einer Sekunde auf die andere, fast wie von Zauberhand gelenkt, ohne Zug spazieren gehen, auch ganz nahe vorbeibrausende Autos spielten keine Rolle mehr. Sogar der Mistkübelwagen, der Rolls Royce unter den Feindbildern des Höllenhundes, wurde absolut und stoisch ignoriert! Er schaute nicht mal mehr gelangweilt hin.

Um dem ganzen Szenario die Krone aufzusetzen blieben nun fast täglich fremde Menschen auf der Straße stehen, die den Hund bewunderten. (Hübsch ist er ja. Da gab es noch nie was zu meckern.) Ich lief los und kaufte zur Feier des Tages ein schönes bordeauxrotes neues Brustgeschirr.

Niemals hätte ich mir das am Anfang unserer herausfordernden Beziehung träumen lassen! Damals, als uns giftige oder todbringende Blicke trafen, wohin wir gingen, oder besser, wohin er mich eben zerrte, bis wir nirgendwohin mehr gingen, außer wenn es draußen finster war oder in Irgendwo-weit-weit-weg.

Anstatt ein wenig Mitleid oder wenigstens Mitgefühl von fremden Mitmenschen, denen ich ohnehin immer taktvoll auswich, bekam ich jahrelang nur verachtende Blicke und angstgeweitete Augen. Ich spürte ihre Ablehnung, ihren Widerwillen, ihre Angst und ihren Hass. All das loderte uns ungezügelt und direkt entgegen, stets untermalt von diversen klugen Sätzen wie „Nehmen Sie sich doch einen Hundetrainer!", „Warum trägt der Hund keinen Beisskorb?" oder „Geben Sie den besser wieder im Heim ab, das wird ohnehin nichts mehr.".

Wir trafen auch ein paar Rassisten, die meinten, dass es asozial heimischen Hunden gegenüber wäre, einen Hund aus Ungarn (oder generell aus dem Ausland) zu adoptieren. Es waren meist die, die ihren beim Züchter gekauft hatten, wohlgemerkt. Diese Sorte fand ich fast am schlimmstem, gleich gefolgt von der Aussage der dicken Gärtnerin mit der Fistelstimme, deren Mann Katzenwelpen ertränkt, weil er zu geizig ist, um seine hundert Katzen kastrieren zu lassen. Sie knallte mir gleich in der ersten Woche verbal an den Kopf, dass ich mit diesem Hund gefälligst nicht mehr an ihrer Gärtnerei vorbeigehen sollte. „Weil er so spitze Ohren hat und schwarze Hunde mit spitzen Ohren immer brandgefährlich sind und daher auch ertränkt gehören!" Sie sehen, Gärtner sind in meiner Vita eine echte Herausforderung und verschlimmern oft mein nicht angeborenes Tourette-Syndrom.

Aber jetzt, heute und hier! Wir schreiben das 18. Jahr des neuen Jahrtausends und ich beende dieses Buch mit sehr viel Sonnenschein im Herzen.

Ich kann Ihnen gar nicht sagen, wie froh ich bin, dass sich alles endlich zum Guten gefügt hat. Ich hatte die letzten Wochen ausschließlich positive Erlebnisse, solche, die Hundehalter mit ohnehin immer schon alltagstauglichen Hunden überhaupt nicht zu schätzen wissen und als selbstverständlich hinnehmen, wie mein fieser Nachbar, der mittelalterliche Millanista. Sein Hund ist perfekt, aber er findet trotzdem an dem *Mistvieh* immer was zum Meckern. (Liebes Karma, hast du nicht mit dem noch eine Rechnung offen?) Nichts ist im Leben selbstverständlich, gar nichts.

Der Höllenhund und ich waren neulich in einem engen Gässlein unterwegs Richtung nach Hause. An einer Stelle, wo ein Ausweichmanöver wirklich unmöglich war, kamen uns zwei Menschen entgegen, eine junge Frau mit Krücken und ein junger Mann. Krücken, dachte ich voller Entsetzen, ob das gut geht? Ich sah den Hund bereits geistig in alte Gewohnheiten zurückfallen, ich hatte Kopfkino, wie er der armen jungen Frau mit dem verletzten Bein das zweite gesunde abbeißen würde.

Was geschah?

Während ich innerlich Zen-mäßig zum ruhenden Nordpol erstarrte, steuerte der Höllenhund langsam und gemächlich auf die Frau zu. Bei ihr angelangt blieb er kurz stehen und ignorierte die Krücken und den Mann.

Sie sagte: *Hallo, du Schatzilein! Du bist aber ein sehr liebes Hundi*! Jackpot!

Das liebe Hundi wedelte sie kurz charmant an, ließ sich sogar das edle Haupt tätscheln und wir gingen weiter unseres Weges. Kein Gebell, kein Geknurre, rein gar nichts, was nicht genau so gehört, wenn man ein anständiger Großstadthund ist.

Ein anderes Mal kam ein junger Mann, keine sieben Jahre alt, hinter uns auf seinem Roller angedüst. Er blieb dann punktgenau rechtzeitig vor mir und dem Höllenhund stehen, stieg ab, lachte und sagte: *Der Hund sieht ja aus wie ein Wolf! Ein schöner Hund! Darf ich den Hund streicheln?* Ich antwortete: *Klar! Das hast du sehr gut gemacht mit dem Roller!* Und der Höllenhund schmiss sich ganz vorsichtig an den Kleinen ran und küsste ihn. Eh klar. Ich krieg nie die Küsse, die ich eigentlich verdient hätte. Die sind ab sofort für Fremde reserviert. So ist er nun eben.

Wir trafen unterwegs auch auf einen uniformierten Mann von der Müllabfuhr, einen von der Sorte Lieblingsfeind, den mein Hund früher schon von der Ferne totgeschrien und danach zur Jause verspeist hätte. Ich befürchtete Schlimmstes, denn der Mann lärmte sehr laut und steuerte mit der vollen Tonne direkt auf uns zu. Nebenan hielt auch noch der LKW von der Müllabfuhr mit laufendem Motor, es gab keine Flucht. Wir schritten energisch voran, motivated to seek Buddhahood! Aus einem bedrohlichen Uniformierten wurde ein Mensch, der seinen Mistkübel einfach kurzerhand stehen ließ um auf uns zuzueilen. Mein Mut sank wieder, ich dachte nur: Heilige Scheisse, Uniform! Direkt auf uns zu! Dabei sollte ich doch jetzt eigentlich schon wissen, dass mein Hund mittlerweile die coolste Socke vom Bezirk geworden ist. Er, der früher alle auffressen wollte (oder wenigstens so tat als ob, was schlimm genug sein kann) steuerte geradewegs auf den Herrn von der MA48 zu. Und während ich nach Ausreden suchte und keine fand für das, was da jetzt kommen würde, blieb der Müllmann vor uns stehen. Der Höllenhund bremste sich auch ein. Der große Mann kramte in seiner gelben Uniformtasche und holte ein Hundekeksi heraus. Reichte es dem Höllenhund und der nahm es ganz vorsichtig entgegen. Ich blickte sprachlos auf Hund und Mann.

Hallo Hund, kennen wir uns?, dachte ich und lachte. Der Kampf war zu Ende. Alles war gut. Der Moment, als ich mit meinem friedlichen, entspannten Höllenhund vor Kurzem nach Hause ging und eine gute Bekannte auf der Straße traf, die extra stehen blieb und sagte: "Das haben Sie wirklich gut hinbekommen mit dem Hund, Herr Doktor! Ich erinnere mich noch sehr gut, wie er am Anfang war, ich habe das ja alles miterlebt!", war reinster Balsam für meine Seele. Solche Worte bedeuten das höchste Lob, das man mir schenken konnte. Ich war zufrieden, mit der Welt wieder im Einklang, mit dem Universum ausgesöhnt, dankte Buddha und allen anderen, die irgendwie mitgewirkt hatten und mein innerer Monk lachte.

An dieser Stelle konkrete Hinweise zu geben, was bei Ihrem vielleicht ebenso höllischen Gefährten zu tun oder zu lassen wäre kann ich nicht verantworten. Jeder Hund ist anders, genauso wie jede Lebenssituation eine andere ist. Ich kann Ihnen hier aber kurz auflisten, was bei uns geholfen hat. Sie können dann ausprobieren, ob einiges davon auch für Sie hilfreich sein könnte, wenn Sie mögen.

- Betritt der Hund ein Zimmer ungerne, liegt das vielleicht daran, dass er zu lange/zu kurze Krallen hat oder zu lange Haare zwischen den Pfotenballen hervorwachsen. Es kann auch an glatten Parkett- oder Steinböden liegen, auf denen vor allem die Hinterpfoten wegrutschen. Hier hilft das Auflegen von Teppichen, die wiederum mit einer Antirutsch-Unterlage am Boden fixiert werden müssen, um deren Wegrutschen zu verhindern, falls darauf gespielt oder eine Fliege gejagt wird.

- Frisst er schlecht, motivieren Sie ihn. Lassen Sie ihn nie tagelang hungern bis er aus Verzweiflung frisst, denn vorher entgleist der Stoffwechsel. Vergessen Sie bitte nicht: Er ist kein Wolf. Er ist ein Haushund. Experimentieren Sie ruhig. Sie essen ja auch nicht alles!

- Trinkt er zu wenig, stellen Sie in jedem Raum, im Garten oder am Balkon Wassernäpfe auf. Diese sollten auf Böden stehen, wo er beim Trinken nicht ausrutschen kann!

- Steigt er aus dem Auto nicht mehr freiwillig aus, halten Sie schon kurz vorher an Stellen an, wo Sie mit ihm zu Fuß nach Hause spazieren können.

- Geht er ins Haus nicht mehr freiwillig hinein, lassen Sie ihn eben im Garten wohnen und bauen rund um ihn ein wetterfestes gut isoliertes Haus.

- Haben Sie Probleme mit anderen Hunden, weichen Sie lieber aus, verstecken Sie sich hinter parkenden Autos, gehen Sie im Morgengrauen spazieren, fahren Sie auf entlegene Äcker oder lassen Sie sich von einem Freund mit dem nebenherfahrenden Auto beim Spaziergang eskortieren. Mag sonderbar aussehen, ist aber hilfreich, denn dieser kann andere uneinsichtige Hundehalter in ihre Schranken weisen, während Sie entspannt ein paar Meter weit entfernt mit dem ebenfalls halbwegs entspannten Hund warten. Notfalls können Sie jederzeit einsteigen.

- Wenn Sie Ihre Feinde nicht besiegen können machen Sie sie immer zum Freund! Stellen Sie den Hund (oder zumindest sich selbst) persönlich auch in der weiter entfernten Nachbarschaft vor, erklären sie seine Geschichte, seine Eigenheiten und dass er gar nicht beißt, sondern nur bellt. Kennt der Hund die Menschen, wird er nicht mehr ängstlich sein und sie auch nicht mehr hysterisch anpöbeln. Jedenfalls meiner nicht.

- Müllmänner und Postboten reagieren meist sehr dankbar und freundlich, wenn sie Bescheid über Höllenhunde wissen. Sie können dann selbst solange ausweichen bis sich die Lage bessert.

- Nachbarskinder ersucht man um Mithilfe, indem man ihnen erklärt, dass man nicht am Zaun entlang mit dem Roller vorbeirast.

- Versucht der Hund über den Zaun zu springen, baut man ihn eben höher. Rast er wie ein Irrer bei jedem Fremden den Zaun entlang hin und her, stellt man einen zweiten

Extrazaun, ein paar Meter weiter innen vom
eigentlichen Außenzaun, auf.

- 🐾 Machen Sie aus Ernst ein Spiel. Entdecken
Sie als erster den Fremden bei der Haustüre
und vor dem Gartenzaun, bellen Sie noch vor
dem Hund und nehmen Sie dem Hund daher
die Arbeit und die Verantwortung ab. Der
dann übrigens nicht mehr bellt. Wozu auch.

- 🐾 Nehmen Sie nicht alles so ernst! Es sollte
Spaß machen, einen Hund zu halten, es
sollte die Lebensqualität verbessern anstatt
sie nur zu verschlechtern.

- 🐾 Lachen Sie, auch wenn Sie lieber schreien
wollen. Erzwingen Sie nichts. Bleiben Sie still
stehen und warten Sie, bis das Unheil
vorüberzieht. Brechen Sie zu unbekannten
Ufern auf und vertrauen Sie immer Ihrem
Bauchgefühl.

- 🐾 Ich glaube, die meisten Menschen merken
gar nicht mehr wie archaisch es in der
heutigen Welt zugeht. Wir denken zu viel
darüber nach, warum etwas so ist, wie es ist,

anstatt darüber nachzudenken, wie man es verbessern kann.

- Das Leben ist nur ein Haufen ziemlich unvollkommener Momente. Jeder von uns hat seine eigene Perspektive, auch unsere Hunde.

Warum wir das alles so oft ignorieren? Weil wir so konditioniert sind. Weil wir Angst haben, Schwäche zu zeigen, weil wir uns nicht lächerlich machen wollen, weil wir an uns zweifeln und uns schämen, die Masken fallen zu lassen. Das ist die Welt der Reichen, der Jungen und der Mächtigen. In sozialen Medien wird uns Stärke, makellose Schönheit und Allwissenheit vorgegaukelt, wird geflüstert und gedoktert was das Zeug hält. Dabei übersehen wir aber, dass wir uns und unserem Tier oft selbst nicht gerecht werden und die meisten Ratschläge von Menschen gegeben werden, die all diese Dinge selbst nie erlebt haben oder gar nicht die Kompetenz haben, überhaupt anderen Ratschläge zu erteilen.

Es wird mir deshalb eine Freude sein, auch weiterhin die Entsiffung der Hundeszene durch verbales Bloßstellen diverser brutaler Hundeflüsterer, Gurus und sonstiger Heiltanten, Giftkräuterhexen oder Seelenmediatoren in Angriff zu nehmen. Vergessen Sie nie: Jede Adoption beginnt mit einem Raub. Man trennt den Hund von allem, was er kennt, ob es nun die Hundemama oder auch Furchtbares war. Während er auf eine hoffentlich glückliche Zukunft zugondelt weiß er nicht, dass es besser wird. Er verliert, vielleicht wieder einmal, seinen ganzen Existenz - Krimskrams, sein vertrautes Leben, alles, was sein Sicherheitsnetz bisher ausmachte.

Er ist wieder nichts, ohne Gefüge, ohne Tagesstruktur, ohne Halt, ohne Auffangnetz, wie lächerlich löchrig es auch gewesen sein mag. Er hat nur Ihr Wohlwollen. Sie haben die Welt.

Wie lautet die Frage?

Um eine Frage zu beantworten müssen Sie zuerst die Frage kennen. Die Frage könnte lauten: Wie kann man aus einem Höllenhund einen alltagstauglichen normalen Hund machen? Genauso gut könnte die Frage lauten: Was ist der Sinn des Lebens? Beide Fragen sind sehr schwer zu beantworten. Wie aber lautet die richtige Frage?

Kennen Sie Douglas Adams? Er ließ seine Leser, mit einem Handtuch ausgestattet, per Anhalter durch die Galaxien reisen, schickte sie los auf die Suche nach der richtigen Antwort auf die Frage nach dem Sinn des Lebens, des Universums und dem ganzen Rest. Am Ende spuckte ein Supercomputer die Antwort aus und sie lautete: 42.

Warum? Weil die Frage falsch war. Douglas Adams hatte zwar in vielem recht, doch in einem essentiellen Punkt hat er sich geirrt, denn die

Antwort auf die Frage nach dem Sinn des Lebens, des Universums und dem ganzen Rest lautet auf gar keinen Fall 42.

Und, wie lautet sie nun?, werden Sie sich jetzt fragen.

Wir alle wollen den Grund kennen, das Geheimnis über die Sinnhaftigkeit des Lebens lüften oder auf dem Präsentierteller hingestellt bekommen, wie wir unsere Hunde dazu bringen können, genau das zu tun, was wir von ihnen gerne hätten.

Keine Panik! Ich kenne die Antwort.

Die Antwort lautet: Liebe. Und hier ist der Beweis:

Zwanzig Jahre nach dem Tod von Albert Einsteins Tochter Lieserl wurden über tausend Briefe aus ihrem Nachlass der Hebrew University zur Veröffentlichung übergeben. In einem davon, dem wichtigsten Brief, schrieb Albert Einstein seiner Tochter:

„Es gibt eine extrem starke Kraft für die die Wissenschaft bisher noch keine formelle Erklärung

gefunden hat. Es ist eine Kraft, die alle anderen beinhaltet und regelt und die sogar hinter jedem Phänomen ist, das im Universum tätig ist und noch nicht von uns identifiziert wurde. Diese universelle Kraft ist LIEBE.

Wenn die Wissenschaftler nach einer einheitlichen Theorie des Universums suchten, vergaßen sie die unsichtbare und mächtigste aller Kräfte.

Liebe ist Licht, da sie denjenigen, der sie gibt und empfängt beleuchtet. Liebe ist Schwerkraft, weil sie einige Leute dazu bringt, sich zu anderen hingezogen zu fühlen. Liebe ist Macht, weil sie das Beste was wir haben, vermehrt und nicht zulässt, dass die Menschheit durch ihren blinden Egoismus ausgelöscht wird. Liebe zeigt und offenbart. Durch die Liebe lebt und stirbt man.

Diese Kraft erklärt alles und gibt dem Leben einen Sinn in Großbuchstaben. Dies ist die Variable, die wir zu lange ignoriert haben, vielleicht, weil wir vor der Liebe Angst haben, weil es die einzige Macht im

*Universum ist, die der Mensch nicht gelernt hat,
nach seinem Willen zu steuern.*

*Nach dem Scheitern der Menschheit in der Nutzung
und Kontrolle der anderen Kräfte des Universums,
die sich gegen uns gewendet haben, ist es
unerlässlich, dass wir uns von einer anderen Art
von Energie ernähren. Wenn wir wollen, dass
unsere Art überleben soll, wenn wir einen Sinn im
Leben finden wollen, wenn wir die Welt und alle
fühlenden Wesen, die sie bewohnen, retten wollen,
ist die Liebe die einzige und die letzte Antwort."*

Liebe?, könnten Sie jetzt vielleicht stirnrunzelnd
denken, Liebe allein soll das alles bewirken? Ganz
ohne konsequentes Training, ohne Geklicker, ohne
Leckerli, ohne Würgen, Zerren und Schreien, ohne
großes Kino?

Aber ja! Genau so geht das! Natürlich bedarf es
noch einer weiteren klitzekleinen Zutat, die man
nicht außer Acht lassen darf, damit das große
Ganze gelingt und gut wird. Die zweite Konstante in
diesem Rezept ist die Zeit. Die Zeit heilt alle

Wunden, lässt uns böse Dinge vergessen, macht Trauer kleiner und lässt Wut verrauchen. Die Heilkraft der Zeit gilt auch für unsere vierbeinigen Freunde und manche brauchen sehr viel davon, um zu vergessen, was ihnen jemals Böses angetan wurde.

Der Höllenhund ist der lebende Beweis für diese These. Ich habe weder mit ihm trainiert, noch irgendein Kommando gegeben, nichts erzwungen, was nicht möglich war und niemals meinen Willen auf Biegen und Brechen durchgesetzt. Zudem war und ist der Höllenhund nicht bestechlich, Leckerlis interessieren meinen Hund bis heute nicht. Und dennoch (oder gerade deshalb) wurde aus einem unvermittelbaren und völlig verstörten, zerrütteten Zombie ein reizender handzahmer Hund, zwar mit Staralüren, aber dennoch durchaus brauchbar im normalen Alltag.

Natürlich kann ich diesen Hund nicht quer durch die Innenstadt schleppen, ich kann ihn nicht mit auf Reisen nehmen oder mit ihm Hundewiesen besuchen. Aber muss ich das können? Natürlich nicht. All das kann ich auch alleine erledigen. (Ausgenommen natürlich das Ding mit der Hundewiese, aber Hundewiesen haben mich ohnehin nie wirklich gereizt, sogar mit netten sozialkompatiblen Hunden nicht.)

Einstein wusste schon früh Bescheid um die Kraft, die mächtiger als alle Atomraketen ist, die Macht, die uns eint, die uns Mensch werden lässt. Ich ungläubiger Thomas allerdings musste es erst selbst erleben, um daran zu glauben.

Und jetzt gebe ich diese Erfahrung an Sie weiter, denn nur aus diesem Grund habe ich dieses Buch geschrieben.

Es soll Ihnen Hoffnung machen, falls Sie ebenfalls ein Höllenhund-Exemplar zuhause haben und noch ganz am Anfang stehen. Falls Sie denken, Herrgott, was für einen Zombie habe ich mir da eingetreten, ich weiß echt nicht weiter, soll ich mir das antun? Sie können natürlich das Handtuch werfen, aber glauben Sie mir, es lohnt sich, den steinigen Weg zu gehen und nicht den leichten. Nicht vergessen: Wir wachsen durch die eigene Veränderung! Wer will schon auf der Stelle treten? Ich nicht.

Sie können es schaffen, Sie werden es schaffen! Vielleicht hat Ihr Hund ja gar nicht all diese Macken oder nur halb so viele wie meiner, vielleicht hat er sogar noch ein paar Extraeinlagen mehr auf Lager. (Schwer vorstellbar, aber man soll ja niemals nie sagen.)

Egal was es ist: Irgendwann werden Sie lachend an meine Worte denken und daran, dass ich Recht hatte, wenn ich Ihnen jetzt verspreche: Alles wird gut.

Nehmen Sie es mit Humor: Der größte Lehrer Versagen ist! Daran glauben Sie müssen! Niemals aufgeben Sie dürfen!

Liebe ist unser Normalzustand, nur haben wir diese Information vergessen oder verlernt.

Jeder einzelne von uns wurde in Liebe geboren und jeder wird eines Tages wieder in Liebe gehen müssen.

Um die richtige Antwort zu geben müssen wir nur die richtige Frage stellen. Ahnen Sie schon, wie die richtige Frage lautet?

Die Frage lautet: Was würde die Liebe tun?

Wir sollten rechtzeitig daran denken zu lieben, und zwar ausreichend und überschwänglich, in jeder Minute unseres Lebens. Wir haben nur dieses eine Leben. Nur die Liebe versteht alles, verzeiht alles und macht alles möglich.

Lieben Sie Ihr Leben, lieben Sie Ihren Hund, aber lieben Sie vor allem sich selbst, denn Liebe bedeutet Frieden.

Leonard Nimoy alias Mr. Spock wünschte uns Friede und ein langes Leben, selbst in Galaxien, die nie ein Mensch zuvor gesehen hat.

Genau das wünsche ich Ihnen nun auch, liebe Leserin und lieber Leser: Friede und ein langes Leben für Sie und Ihre Liebsten.

Möge Zen Sie erleuchten, das Karma Ihnen stets gut gesinnt sein und dieses Buch Ihnen Mut und Hoffnung machen.

Denn Sie sehen: Anderen geht es ebenso. Sie sind nicht alleine!

Peace and Love.

Herzlichst, Ihr

Bela Wolf

Hier bleibt Platz für Sie und Ihren Höllenhund.

Für ein Bild von ihm, das ihn in Glanz und Gloria

seiner ganzen Höllenhaftigkeit und Schönheit zeigt:

Was macht gerade Ihren Höllenhund zum schlimmsten Exemplar seit Bestehen der Hundewelt? Bitte schildern Sie das Problem mit genau einem Satz:

_____

_____

Was möchten Sie gerne ändern?

_____

_____

Warum möchten Sie es ändern?

_____

_____

Und wenn Sie es niemals ändern könnten?
In dem Fall darf ich Ihnen hier Reinhold Niebuhr ans Herz legen, der einen sehr weisen Spruch in der Zeit des zweiten Weltkriegs verfasste.

Nennen Sie es Gebet, Leitspruch der Anonymen Alkoholiker oder nennen Sie es wie Sie möchten. Ich darf Ihnen raten, nehmen Sie sich die Gedanken auf alle Fälle zu Herzen. Es erleichtert nämlich das Leben ungemein, Dinge, die man nicht ändern kann, gelassen hinzunehmen.

> *Grant me the serenity to accept the things I cannot change, courage to change the things I can and wisdom to know the difference.*
>
> *Living one day at a time, enjoying one moment at a time, accepting hardship as a pathway to peace.*

Sollte Ihnen das zu viel Gebet und zu wenig Zen sein, könnte vielleicht Lin Yu-Tang aushelfen:

„Neben der edlen Kunst Dinge zu verrichten, gibt es die edle Kunst, Dinge unverrichtet zu lassen.“

Dr. Bela Ferenz Wolf leitete lange Jahre als Tierarzt eine Tierklinik und lebt nun als Journalist, Kolumnist, Blogger und Autor in Wien.

Alle Infos zu Dr. Bela F. Wolf unter:

www.tierarzt-wien.com